外商、大企業求職秘笈

超精準英語履歷 × 面試，
展現你的價值和優勢

Madeleine
鄭宇庭（以熙國際）

著

前言

　　人生中，一個決定牽動另一個決定，一個偶然牽動另一個偶然。

　　我自幼就非常會念書，為了不侷限在書本上的知識跟理論，我爭取進入聯合國獲取實務的經驗。期間，我學會了談判協商技巧、批判思考、協助國際救援事務聯繫疏通等等，越是投入其中，越是發現實務和理論的差距原來這麼大。那時我才理解，會讀書的人往往跟我一樣會犯一個大錯，把耳聞當成經驗，把電視當成見識，當真正經歷了之後才知道，世界很大，也很深。

　　這是一段特別寶貴的經驗，也是我日後致力於臺灣人才國際化的根基。聯合國是國際組織最高殿堂，在和許多國際人才接觸交流後，我觀察到大部分國家的人如何看待臺灣。臺灣人很有才華，也有創意，可惜在溝通表達上相對劣勢，講話比較沒自信，

過於謙遜，難以建立信賴的樞紐。後來，我投入國際人才育成的事業，更看見許多嚮往進入外商或大企業任職的人才在叩門時跌跤，甚至就差面試這臨門一腳，無法獲得雇主的青睞與信賴。

其實從英語履歷到面試，這一連串過程就是「溝通表達」精髓的展現，關鍵並不在於你的英語能說、寫得多漂亮，而是：

1. 你有沒有信念價值，你是否知道並能表達應徵這份職位的原因。

2. 你能不能易位思考，聽出面試官的言外之意，並自信回應，侃侃而談。

這是這些年來，不論是在以熙或為各單位培訓國際化人才時，我一直向學員強調的核心觀念——英語只是一個溝通的工具與媒介，你的內在才是重點。當你選擇將世界當作教室前，你必須找到自己的天賦與熱情，才能表達自己的理念、價值，這也是面試官會信賴你能帶來不同格局的主因。我見過很多不愉快的語言學習經驗，讓大家中斷了進步的可能，原因就在於沒有找到人生動機與商業動機。沒有了精進學習的慾望，你可能錯過未來的成長商機，也可惜了自己的才氣。

溝通表達要力求精準，前提是放下主觀意識，主動去接受、去包容、交心。不少華人的商務思維是習慣一味強調自己的觀點，

一心只想改變對方的想法來配合自己。但在西方職場中更重要的是，你有沒有捕捉對方觀點的能力，聽得懂對方沒有說出來的話？甚至兼顧到對方的成長背景與角度，引發他心中的渴望？很多商務人士都不是精準表達，而是完美搞砸，最後發現最大的遺憾就是忙著改變別人的觀點，拒絕改變自己。

因此在這本書中，我鼓勵大家盡量接觸不同圈子的文化，在寫出打動對方的內容前、在出發面試前，先了解自己的職業性向、確定職涯方向、摸清楚東西方職場的差異、什麼是企業想要的國際人才，為職涯路點上一盞明燈。當然，英語履歷和面試這兩大敲門磚，絕對也要一出手就讓人難忘。標準 Resume 該具備哪些內容、殺手級的 Cover Letter 該怎麼寫、面試的問答技巧、精選38 句必勝金句，Step by step 幫你巧妙突顯個人優勢，脫穎而出。

世界正用超乎想像的速度在整合，有能力的人已經開始以國際局勢當作支點，跳板到全世界。但對於停滯者而言，低創新和低附加價值的工作機會將消失，求職環境會變得越來越壓迫。持續補充新知識，強化自我價值，肯定是讓自己充滿動力的好方法，但關鍵還是想要進步的那顆心。心態準備、職涯規畫、英語履歷、面試，四管齊下，從現在開始，創造全球工作發展的契機。

Part
04

這是一張名片，也是一份關於你自己的廣告，當你遞出這份自己的簡介時，那個短暫的瞬間決定了你是否會被對方相中，順利拿下這次通關證。

英文履歷

目
錄

心態準備

工作與自我實現該如何結合？就讓 TED 演說教你，帶著滿滿正能量出發。

01 ～ 06 堂課

● 01 | **TED Talks　18 分鐘開啟你的魅力與正能量**

● 02 | **TED Talks　工作價值**
　　　 我們究竟為了什麼而努力工作？

● 03 | **TED Talks　意志力**
　　　 生活不是短跑，而是場馬拉松

● 04 | **TED Talks　成功秘訣**
　　　 持續這 8 件事，預約成功的自己

● 05 | **TED Talks　領導力**
　　　 別低估你不平凡的領導力

● 06 | **TED Talks　自覺**
　　　 自信表現，才能挺身而進

寫在課堂之前

　　為什麼要推薦參加國際面試的學員看 TED Talks？道理很簡單，所有國際職場面試講究的是個人魅力，我們的課程訓練要幫助學員把文字稿寫得精緻、接近完美，其實一點都不難，但我們希望學員透過看 TED Talks 演講，觀察每個講者的說話模式，從中找到最適合己的表達方式——綻放自己的優點讓人看見，這是一門高深的學問。我們有一位男性學員 Eric，年約 38 歲上下，他當初想要應徵美國 Amazon PM 主管的位子，已經有 15 年的工作經驗的他，在表達的時候有充分的熱情，盡可能露出最多上下排牙齒的微笑，刻意摘下眼鏡改戴隱形眼鏡。面對這麼努力打造自我形象的他，我們卻告訴他：要適度的做自己。因為，以一個

外商、大企業求職秘笈

有資歷的人才來說，不適合太過天真的展現自己。更重要的是，Eric 平常就是一位說話偏向穩重的人，所以我們強烈建議他，模仿你所欣賞的講者的表達魅力固然重要，但留一半空間適度做自己，才會讓人感覺自然且舒服。

後來，Eric 在 200 多位的面試者中，打敗了來自新加坡、大陸與香港的人才，順利拿到職位，目前仍在這崗位上發光發熱。上次我在路上巧遇他，他特別與我分享在美式文化的環境裡，做自己的確是很重要的一件事。

01堂課

TED Talks

18 分鐘
開啟你的正能量

出發面試前,先看看以下 5 個 TED 演說吧,不僅能給你滿滿正能量,或許你還可以從中獲得啟發。

從優秀的 TED Talks 中，我們能更深度了解工作之於自己的意義與重要性為何。不只是剛出社會的年輕人，就連已在就業崗位上的上班族或許都還會問：究竟成功是什麼？如何達到？如何將興趣與工作結合？我的興趣到底是什麼？在面試前，你必須先回答自己這些問題，找出自己的價值在哪裡，如果連你都不知道自己是否能做得到，考官怎麼有可能被你成功說服，相信你就是他們正在找的那個人呢？當你懷疑自己的能力、定位，或懷疑自己是否做得到時，你就無法全力以赴大展身手，也無法從中得到屬於自己的熱忱，未來的你，就很有可能會為五斗米折腰，最終迷失在不知為何而活、庸庸碌碌的職場中。

　　21 世紀的我們，慢慢意識到工作不只是為一份薪水，而是從中找出人生的意義與自我價值，除了金錢，從工作中或許可以得到更多的附加價值，像是成就感、自我滿足、人與人的溫暖；對成功的定義，不再只是用一個月薪資多少、我多久可以升職來衡量。

　　以下 5 個 TED 演說，是成功者的經驗與歷程分享，你或許可以從中得到有關工作、自我意識、成功人生的各種啟發。希望在看完這 5 篇 TED 演說之後，你對未來的期許、對成功的定義、自我成長，可以更充滿鬥志，更有自信。同時知道國際人才需要具

備哪些特質，在面試中獲得各大企業老闆們的讚賞，在你往後的求職與工作過程中，帶著滿滿的行動力找到通往夢想道路！

✈ TED 演說 1
Barry Schwartz　貝瑞・史瓦茲

★　The way we think about work is broken.

★　我們對工作的想法已經不成立了。

什麼樣的工作能讓我們感到滿足？史瓦茲認為，除了工作每個月的薪資以外，還有許多其他無形的價值。而這無形的價值，或許比那固定薪資更為重要。這些工作的價值，一直被我們忽視。是時候停止把員工當成大輪子上的小齒輪了。

✈ TED 演說 2
Angela Lee Duckworth　安琪拉・李・達克沃思

★　The key to success? Grit.

★　成功要訣是什麼？是意志力。

達克沃思在紐約公立學校教 7 年級數學，她很快就意識到，智商不是區分學生學習優劣的唯一指標。在這個演說中，她闡釋了她的研究成果：意志力才是成功的風向標。研究顯示，多數智商高的人，相對來說反而容易放棄，因為他們做任何事情，馬上就能夠得心應手，卻往往會因為不夠堅持，抑或是為了種種因素而輕易放棄。這個時候，就會被智商不及他們，但意志力超乎常人的人追上，並且超越。

✈ TED 演說 3
Richard St. John　李察・聖約翰

★　8 secrets of success

★　成功的 8 個祕訣

別人為什麼成功？因為他們比較聰明？比較幸運？以上皆非。分析家聖約翰將幾年來與成功人士訪談的精華濃縮成不可錯過的 3 分鐘演說，揭露真正的成功祕訣。

✈ TED 演說 4

Drew Dudley　卓杜立

★　Everyday leadership

★　微領導力

我們都曾改變某些人的生命，可能是隨口的一句話、無意識的一個小動作，但常常連自己也沒有意識到。透過卓杜立幽默的話語，我們得以重新定義所謂的領導力，這裡的「領導力」不再是你原本認為的帶頭能力。你會重新認知到，日常生活中充滿許多可以改變你我生命品質的領導力。

✈ TED 演說 5

Sheryl Sandberg　雪柔‧桑德伯格 (From 博客來)

★　Why we have too few woman leaders？

★　在成功人士中，為什麼女性領袖較少？

桑德伯格在演說中著眼於為何相較於男性，較少比例的女性達到專業頂峰，她並針對女性邁向最高管理階層之路，提供了 3 個有力建議，鼓勵女性勇於打破傳統迷思，並抬頭面對自己的渴望。

02 堂課

工作價值

我們究竟為了什麼
而努力工作？

我們都被亞當·史密斯教壞了！其實除了獲得基本報酬來維持生活的開銷外，工作更擁有許多無形的價值。你該意識到這個問題了，在你現在或未來的工作裡，除了金錢，你還想要從中獲得什麼？或許是令人尊敬、成就感、為他人帶來幸福……。

講師 Barry Schwartz　貝瑞・史瓦茲

題目 The way we think about work is broken.
我們對工作的想法已經不成立了。

---------------------- 精采選錄 ----------------------

01:16　Why, if this is so obvious, why is it that for the overwhelming majority of people on the planet, the work they do has none of the characteristics that get us up and out of bed and off to the office every morning? How is it that we allow the majority of people on the planet to do work that is monotonous, meaningless and soul-deadening? Why is it that as capitalism developed, it created a mode of production, of goods and services, in which all the nonmaterial satisfactions that might come from work were eliminated? Workers who do this kind of work, whether they do it in factories, in call centers, or in fulfillment warehouses, do it for pay. There is certainly no other earthly reason to do what they do except for pay.

　　為什麼？如果那麼顯而易見的話，這星球上大部分的人們就不會從事著毫無特色的工作，只能讓他們過著每天早上起床、離

開床鋪、到公司報到的生活。他們到底從這樣的工作中得到了什麼？真的只有金錢才是最重要的嗎？

我們為什麼任由這星球上大部分的人，從事著單調、無意義且扼殺靈魂的工作？為何隨著資本主義逐漸發展，一個製造商品和服務的模式隨之產生，卻使得工作原本能帶來的非金錢價值滿足完全消失？為何你可以為了追求金錢而忽略其他一切價值？做著這種工作的員工，無論他們是在工廠、在客服中心，還是在貨運倉儲中心，都是為了酬勞而工作。很明顯的，他們之所以工作，除了工資，沒有別的了。現在很多年輕人，你問他們想要找哪種工作，他們會毫不猶豫的說「薪水高」的工作，現在的社會，大家都忽略了工作真正的意義。

02:15　And here's the answer: the answer is technology. I'm not talking about the kind of technology that has enveloped our lives, and that people come to TED to hear about. I'm talking about the technology of ideas. I call it, "idea technology" -- how clever of me.

答案是科技！這裡指的不是生活上應用的科技，或是大家來TED 所期待聽到的科技類型，而是想法上的科技，我稱之為「想

法科技」。看看我有多聰明才能想出這個名詞。

03:50　And there's something special about idea technology, that makes it different from the technology of things. With things, if the technology sucks, it just vanishes, right? Bad technology disappears . With ideas -- false ideas about human beings will not go away if people believe that they're true. Because if people believe that they're true, they create ways of living and institutions that are consistent with these very false ideas.

　　想法科技跟一般生活上運用的科技不同之處，在於過時的科技會被淘汰，但在想法上，人們只要深信是真理，即便想法是錯誤的，非但不會主動修正，反而還會把錯誤的觀念帶到生活上。舉例來說，人們都認為工作是為了維持生計，但其實我們都知道，工作不單單只是為了金錢，但當大家都圍繞著金錢而工作時，為什麼沒有人出來糾正？

04:25　And that's how the industrial revolution created a factory system in which there was really nothing you could possibly get out of your day's work , except for the pay at the end of the day. Because the father -- one of the fathers of the Industrial Revolution, Adam Smith -- was convinced that human beings were by their very natures lazy, and wouldn't do anything unless you made it worth their while, and the way you made it worth their while was by incentivizing, by giving them rewards. That was the only reason anyone ever did anything. So we created a factory system consistent with that false view of human nature. But once that system of production was in place, there was really no other way for people to operate, except in a way that was consistent with Adam Smith's vision.

　　我們都知道工業革命時創造了工廠系統，因為工廠的誕生，需要的人力也變多了。讓人在這個系統裡日日勞碌，想要生存，就只能工作。但這樣的工作除了薪資報酬外，其他無形的價值連一點點也無法得到。亞當‧史密斯指出：「人類的天性就是懶惰，除非覺得划得來，否則什麼也不幹，而讓他們心甘情願付出的方法，就是用獎勵，這是天底下任何人會付出勞力的唯一理由」。

　　對於這個看法你有什麼樣的想法？其實亞當‧史密斯說得也沒有錯，如果今天工作是沒有報酬的，你願意付出你的勞力嗎？絕大多數人都不願意，雖然還是會有為了幫助人們，而願意無私

付出的志工，但那終究只是一小部分生活有餘力的人罷了。是什麼時候開始出現了這種對人性錯誤的想法呢？我們在工業時代創造了工廠系統，開始大量需要勞動力，為了生存，大家每天都辛苦的工作，就是為了那一天的工資。

　　但這種運作方式是正確的嗎？沒有人發問，或許這就是人類替人類制定的規矩，一旦工廠的系統上了軌道，我們就再也找不到另一種可能的運作方式，即便是讓人們長時間在惡劣的環境工作。因為都是為了金錢，不會有人認為是錯的。因此，我們不得不去附和亞當·史密斯的觀點：人們都是為了獎勵付出勞動力。

翻轉想法

　　因為時代變遷，人類開始意識到除了金錢以外的價值，一生就那麼長，你有想過你是為了什麼而工作嗎？為了生活？為了養家活口？為了成就感？或許你一直在思考著這樣的問題，但依然找不到答案。

　　史瓦茲在這場演講中，給了我們對於工作全新的概念，或許你可以重新思考，你想要替你的人生設計什麼樣的樣貌、又或者

你想要對這個世界做出什麼貢獻，讓你自己決定往後的人生道路，不再是一味的附和前人所規定的習慣。你想要引領什麼樣的人生、從事什麼樣的工作，全部都由自己來決定！

★ 想法科技 ★

你是否想過生活中那些理所當然的事情有可能是錯誤的嗎？因為前人的傳承，被認為是正確的，我們就不再去探討它到底是否正確。史瓦茲提到：「因為只要有人深信不疑，他們創造的生活方式，就會建構在那些錯誤的想法上。」

這世上所有被創造的事物，只要它無法帶來任何益處、被認為不好用，又可能不符合時代所需時，就會立刻被淘汰及更新，就像從來沒有出現過。但「想法科技」不同於一般科技，只要這個想法、觀念、習慣，是被前人認為是有效、有用，並傳承的信念，就算它是錯的，也有可能世世代代被沿用下去，始終沒有人察覺它是否正確。你有想過嗎？你現在所認為理所當然的每一件事，都有可能是錯誤的，但因為從來沒有人討論過它，你也依然深信不疑。

所以我們每一個人對自己的信念，都會造就出與別人不一樣的行為模式，只要自己的信念根深蒂固，無論別人怎麼說，你都

不會覺得自己是錯的，就像面試一樣，如果你相信自己可以做到、相信你在眾多面試者中可以脫穎而出，那麼你的行為就會與你的思考模式並行。正因為你認為自己做得到，在面試準備時，你才會比一般人付出更多時間與心思證明自己的實力。

★ 公司給獎勵的制度是什麼？ ★

工作環境對長期工作者絕對是重要的，而你的習性可能會與你的上司有關，你的工作習性會隨著不同的公司制度、文化而有所改變。什麼樣的老闆會決定他的員工是什麼樣子，如何當一個可以被下屬信賴的領導者？什麼樣的模式可以讓我的團隊更加有動力？這些都是領導者應該學習的 Leadership。

舉例來說，一個很重視員工休假的公司，會創造出一群有活力有創造力又懂得享受生活的員工；一個願意帶著員工一起唱歌，吃喝玩樂的老闆，必然會重視他與員工之間的信任感與凝聚力。

例如知名連鎖咖啡龍頭星巴克，開放讓員工認股，認股計畫同時也與員工獎勵制度相互結合。公司會依照當年度的總生產營運狀況和收益率、個人的基礎薪資，以及股票的預購價格等因素，給予符合條件的員工一定數量股票作為獎勵。現在也有很多企業，為了留住人才，開放員工認股，優秀員工會因為得到自己是公司

不可或缺的一部分的認同感而努力賺錢，公司也可以因此留住優秀人才。

　　因此星巴克的股票制度是對長期服務於公司且績效表現優異員工的獎勵，同時也巧妙的將員工利益和企業利益融合；透過兩者間利益共同體的概念，使得員工在企業中能夠找到認同感和歸屬感。由這樣的獎勵模式，可以推論星巴克偏好的人才，需要善於團隊合作，不只是做好自己分內的工作而已，是為了自己也是為了公司。

　　由此我們應該花一些時間去思考一家公司的制度背後所代表的含意，在這套制度的背後，其實都隱含著公司想要招攬或創造什麼樣人才的概念。

★ 如果你是主管？ ★

　　其實人在出生的時候就決定了自己一部分的個性，但除了天生的動物行為，個性大部分都是由後天教導而成，所以，環境會影響一個人的個性很多。因此可以知道，若要重新塑造人類個性，我們可以從設計、改造社會著手，透過這樣的方式進而改變人類的行為模式，以現在的科學來看，這些都是有可能做到的！

　　因此，再回到最一開始的那個問題：「你為什麼要工作？」

由於亞當‧史密斯認為「人類天性懶惰，除非給予金錢獎勵，否則不會自發工作」，我們從 18 世紀開始了工業革命，也開始了我們絕大部分人類的庸庸碌碌、平淡單調的工作人生。但其實新世代的人，越來越不願意單單為了金錢而活，而是為了「生活」而活，我們也關注其他如成就感、滿足感、愉悅感等人性的需求，也期待我們能從工作上得到。

　　面試之前想想，如果你是主管，你要怎麼激勵員工？怎麼滿足他們的需求？

03堂課

意志力

生活不是短跑，
而是場馬拉松

成功的關鍵，我們都能列舉出許多方法，但說得簡單，做起來卻很困難，那就是意志力的磨練，你明明知道早起對身體很好，卻都睡到中午；你明明知道熬夜對身體不好，但卻因為控制不住滑手機的慾望半夜才入睡。這就是為什麼，你知道成功的秘訣，但卻沒有成功的關鍵！

講師 Angela Lee Duckworth　安琪拉·李·達克沃思

 題目 The key to success? Grit.
成功的要訣是什麼？是意志力。

精采選錄

01:47　My research team and I went to West Point Military Academy. We tried to predict which cadets would stay in military training and which would drop out. We went to the National Spelling Bee and tried to predict which children would advance farthest in competition. We studied rookie teachers working in really tough neighborhoods, asking which teachers are still going to be here in teaching by the end of the school year, and of those, who will be the most effective at improving learning outcomes for their students? We partnered with private companies, asking, which of these salespeople is going to keep their jobs? And who's going to earn the most money? In all those very different contexts, one characteristic emerged as a significant predictor of success. And it wasn't social intelligence . It wasn't good looks, physical health, and it wasn't IQ. It was grit.

我和我的研究團隊去了西點軍校，我們試著預測哪些學員能通過軍事訓練，哪些會放棄。我們去看全國拼字比賽，試著預測哪些孩子能在比賽中笑到最後。我們研究在非常艱苦的環境下工作的新教師，預測哪些教師在學年末時還能堅持在崗位上。當然還有，哪些教師教出的學生，成績有最明顯的提升？我們和私人公司合作，預測哪些銷售人員能保住飯碗？誰能賺最多錢？在這些非常不同的背景下，我們發現有一個特質，相對較能夠成功。不是社交能力，不是美麗的外貌，也不是健康的身體，更不是智商，而是意志力。

03:00　　Grit is passion and perseverance for very long-term goals. Grit is having stamina. Grit is sticking with your future, day in, day out, not just for the week, not just for the month, but for years, and working really hard to make that future a reality. Grit is living life like it's a marathon, not a sprint.

　　意志力是面對長遠目標時的熱情和毅力。意志力是有耐力的表現。時間不只是一週、一個月為單位，而是年復一年的努力工作，讓自己所堅信的那個未來能夠實現，意志力是將生活當作一

場馬拉松，而不是短跑。

04:51　So far, the best idea I've heard about building grit in kids is something called "growth mindset." This is an idea developed at Stanford University by Carol Dweck, and it is the belief that the ability to learn is not fixed, that it can change with your effort. Dr. Dweck has shown that when kids read and learn about the brain and how it changes and grows in response to challenge, they 're much more likely to persevere when they fail, because they don't believe that failure is a permanent condition.

到目前為止，關於如何鍛鍊孩子們的意志力，我聽過的最好的方法是「成長型思維模式」理論。這是史丹佛大學的 Carol Dweck 的研究成果。這個理論相信，學習的能力不是一成不變的，它會因為你的努力發生變化。Dweck 博士已證明，當孩子們閱讀和學習大腦的相關知識，以及大腦在面對挑戰時會怎樣變化和成長時，他們更有可能在失敗時繼續堅持，因為他們不相信他們會永遠失敗。

翻轉想法

原本在紐約一所公立高中教數學的達克沃思發現，智商並非學生表現好壞的唯一因素，但她始終無法得到正確答案。為了探索問題的解答，她開始了研究之路，她觀察成人和兒童在面對艱鉅挑戰時的表現，也去了西點軍校做實驗，觀察其他教師，更與私人機構合作做員工研究，結果發現，成功其實無關社交能力優劣，不是外貌的美醜，也不是身體健康與否，更不是智商的高低，成功的真正關鍵因素是意志力。意志力是可以培養的。當然，有些人就是比較自律，面對誘惑也可以拒之在外，但這並不是與生俱來的特質，而是這些人找到了儲存意志力的方式，並在需要的時候善用之。

以下 5 個善用意志力的方式，趕快來試試：

★ 照顧好自己的身體 ★

有句滿貼切的廣告詞：如果連體脂肪都控制不了，還談什麼掌握人生。

我們常見許多原本很積極正面的人，在與病魔纏鬥的過程中，意志總是被磨耗殆盡。因此，規律性的把自己的健康打點好，是

每天最佳培養意志力的方式，同時也為了迎接成功，做最棒的準備。

下列幾項是大家可以列入參考的選項：

➡ **飲食**：均衡飲食、控制食量、飲用充足的水分。

➡ **運動**：每週 3 到 5 次較高強度運動，每次至少 30 分鐘。如跑步、游泳、騎腳踏車等。

➡ **音樂**：心靈的平衡，用自己喜歡的音律節奏為情緒找到出口。

➡ **閱讀**：安排固定時間去瀏覽一本好書，可鍛鍊自己的穩定性。

➡ **公益**：助人為快樂之本！身體力行的公益，會讓人有持續性的正面心態。

意志力會讓你一舉兩得，強韌的意志力不但可以讓自己處於健康愉快的狀態，同時也因為你的意志力堅強茁壯，再困難的事都不會難倒你，相信處於這種狀態的應試者，不只是面試官會給予非常正面評價，你對自己的自信心也會因此爆表。

★ **做好目標的規劃，並每天執行！** ★

請謹記自己的信念，請相信自己可以做到，目標的規劃要付

出行動實際去執行。把目標視覺化，在隨手可見的地方寫下：如「我可以做到……」、「如何讓我的人生過得有意義」，時時提醒自己。

1.「每日」寫下未來每一天你打算去做或執行的待辦事項和注意事項，例如：

➡ 早餐、中餐、晚餐都要均衡飲食。

➡ 睡前 15 分鐘的閱讀時間。

➡ 利用午休時間閱讀提升英文能力的讀物。

➡ 每天至少給孩子 30 分鐘以上有品質的陪伴。

2.「每週」這個清單所列舉的事項你不用天天做，但是每星期至少要做 1 次，譬如：

➡ 一週運動 3 次，每次 1 小時。

➡ 每週與家人出外享用一頓晚餐。

➡ 週末帶家人到郊外活動。

3.「每月」這些則是為那些你不想每週做，但是卻計畫每月做一次的活動而準備的，像是：

➡ 邀請朋友到家裡聚餐。

➡ 看一場電影。

➡ 上些有意義的課程。

➡ 到孤兒院當志工。

4. 定期針對自己的計畫檢討與反思

看著自己所擬定的目標計劃，一段時間後回頭檢視自己是否達成，如果達成了，可以給予自己一些讚賞，繼續堅持下去；如果沒有達成，好好思考是哪裡出了問題，是時間安排不妥、考慮不周，還是時常有外界的干擾？如果是這樣，你必須把你擬定的事項，當成你一天／一週中，必須做且無法被代替的事項。

➡ 你是否願意聽一次自己內心的聲音？你是否願意為自己的夢想或期許努力一次？而這一次是認真且真實的承諾，有效的規劃並且去實踐它。

➡ 兩年後的自己，一定會感謝現在決定努力的自己，你若想要改變現狀，收起抱怨的時間，即刻開始。

➡ 同時也思考你生命中的其他面向，譬如你的個人發展、或是生活模式、工作型態的選擇，找一個下午，享受在這些反思中，去思考並用心的去尋找答案。

這些都是學習有關堅持和人生的目標必須要有的具體行動。你能給自己定下什麼樣的承諾？而你又如何堅持這些承諾？第一次可能無法照著自己的想法進行，你可以反覆練習，試著把這些承諾當成生活中的習慣，不要因為一次沒有做到而譴責自己或認

為自己做不到，因為這都是讓你通往夢想實現的一個試煉。

不要想著管理時間，不要讓時間流逝成為讓自己後悔的原因；要管理好的是自己，你若可以管理好自己，便可以做出讓自己成功的事！

★ 選擇做最重要的事情 ★

意志力是一個內心的規則，能夠幫助自己去除令人分心的雜音，如果在一段時間裡，突然來了一百件事情，你必須學會選擇哪一件事才是現在目前最重要的事情？是最緊急，也是最重要的。

1. 清楚定義

心理學家與行為經濟學家喬治·安斯立（George Ainslie）提出一種強化意志力的方法：明確的界線（Bright Line），簡單、明確、沒有灰色地帶的規則，讓你能夠清楚知道自己現在的位置。

舉例來說，「我要閱讀」不是一個明確的指示，因為閱讀幾本、閱讀什麼，界線非常模糊且抽象，而人們都常常遊走在邊緣，時常會選擇最舒適且無挑戰性的事件。在擬定目標時，你必須把規定自己要做的事情寫清楚，例如：每週再忙都要把一本書看完、週五晚上去慢跑，請不要把無法推掉邀約當作藉口。

2. 時間分配

管理學中有個相當有名的「帕金森定律」（Parkinson's Law）：只要還有時間，工作就會自動膨脹，直到占滿你所有可用的時間。原本只需要花你 5 分鐘的事，例如打掃書桌，但如果因為你沒有限制做這件事所需的時間，在做這項工作前你可能看到衣服沒洗，而去洗了衣服，分心做其他各種事情，這項工作最後可能會花掉你 1 個小時的時間，無形中，你拖延了自己達成目標的時間，最後你可能會抱怨，我時間不夠、在開始作業前就累了……等。

現在手機很方便，可以隨時聯絡，也可能隨時被吩咐工作，因此你必須特別排除這些有可能讓你分心或改變行程的例行性雜務，例如：FB 按讚、LINE 群組聊天、團購好康等。請在專心做一件事時關掉手機提醒，試著排除掉這些障礙，其實並不困難，讓自己決定自己的時間分配！

3. 刪除選擇

「刪除其他選擇」的關鍵就在於「破釜沉舟」，只給自己一條路走！這得靠意志力來執行，絕對是可以立竿見影的。譬如說，若你想節制自己的花費，隨身帶的錢就不要超過當日的上限，並把信用卡跟提款卡放在家裡，如此一來就算受到誘惑，想多花錢

也沒辦法！只要不會因為自己一時的興起，打破自己當時所制定的原則，一定很快就可以看出成效。

我們一天中都有很多要做的事情，這些事情的時間分配也變得很重要，一個時間做一件事情就好，要做的事情越多，消耗的腦力也越快，容易使人疲倦及分心，很多時候，都是因為沒有好好安排，一時間的衝動行事，就會一不小心讓自己沒辦法按照所擬定的計畫走。

當你要面試 15 間公司或面試 5 間公司時，你準備面試的過程就會有所差別。如果要面試的 5 間公司剛好是同樣產業，只有 2 種不同職位的差別，你在面試前的研究範圍就會縮小，需要準備的問題也會減少，相對也比較省時省力，當然了，準備內容的品質也會提升。

★ 把最難的部分先做完 ★

通常最困難的部分，就是把簡單的事情，重複做到熟練為止！

用想的很簡單，其實做起來實在困難，我們可能會很多項技能，但到頭來卻不知道自己到底最擅長哪一項？而又是哪一項技能會在工作上對自己產生幫助？習武的人常說一句：練武不練功，到老一場空！要把基礎打好，得先把最辛苦的馬步蹲好，之後的

套路只是動作形態上的變化。正所謂勤練基本功，萬事皆可通！

　　先仔細問自己，面試中你認為最困難的部分在哪裡？是口條？還是自己容易緊張？我們的第一步，就是先認識到自己哪些地方不擅長，便可以著手解決這些困難。

　　許多自己覺得困難的地方，在現今資訊發達的時代，上網查詢便能夠知道該如何應對，還可以分析前輩們在網路上分享的求職經驗，但你是否在資料收集完後，花時間瀏覽、記憶及分析了解呢？對想要去面試的公司瞭若指掌，揣摩多種面試問題，這就是最關鍵的地方。正視並挑戰自己認為最困難的地方，加以練習熟悉，若已經先揣摩過各種有可能會遇到的情境及題目，相信正式面試時，你也可以因為平常的練習，發揮該有的水平了。

★ 終身學習 ★

　　學如逆水行舟，不進則退。而「終身學習」必須是有目標、有計畫及有紀律的。管理大師彼得‧杜拉克（Peter Drucker）一生出版了 39 本著作，其中四分之三是在 60 歲之後完成的；張忠謀 55 歲才創立台積電，卻開啟了「晶圓代工」的全新商業模式；而日本有位高齡 73 歲的老爺爺堀內辰男，用 Excel 開啟了他驚人的繪畫生涯。為什麼他們到了一般人準備退休的年齡，職涯卻能

更上一層？

1. 有目標

堀內辰男在 2006 年得到繪畫大獎，他接受日本網路媒體採訪時表示，原本退休後想用電腦來作畫，但覺得專業繪圖軟體售價昂貴，看到其他人用 Excel 做圖形繪製後便決定仿效，現在覺得用 Excel 作畫比用手繪畫簡單，意外發展出事業第二春。

張忠謀則認為，無論身處哪一個行業，都應將「一定要能跟得上所屬行業的發展」列為終身學習的長期目標；否則未來極可能會面臨失業危機。產業變動的快速，在科技、工程領域尤其明顯，張忠謀舉例，在他研究所剛畢業時，根本沒聽過「電晶體」（transistor），但幾年之後，它卻成為一種普遍的技術，「如果無法與時俱進，可能就只有失業的份。」

2. 有計畫

➡ 限時學習不同領域內的知識

➡ 向更成功的人學習請益

➡ 將知識整合創新

3. 有紀律

把學習當作一件重要的事情，你必須靜下心且專心的做這一件事情，並持續花時間，將知識轉化成自己的語言，再加以應用

在現實生活裡。請不要把學習當作娛樂，想學的時候才學。

五種方法
訓練你的意志力

Low- Glycemic,
Plant-Based Diet
低 GI、全植物飲食

Better Sleep
好的睡眠

Meditation
冥想

Stress Management
壓力管理

Exercise
運動

成功祕訣

持續這 8 件事，
預約成功的自己

對工作感到迷惘？對遠離夢想感到失望？只要再做對這 8 件事，其實你和成功者之間的差距並沒有你所想像中的大。

講師 **Richard St. John** 理察・聖約翰

題目 **8 secrets of success**
成功的 8 個祕訣

---------- 精采選錄 ----------

00:11　It all started one day on a plane, on my way to TED, seven years ago. And in the seat next to me was a high school student. She asked me a simple little question. She said, "What leads to success?" And I felt really badly, because I couldn't give her a good answer.

　　一切都得從我搭機來參加 TED 那天說起，那是 7 年前的事了。在機上我隔壁坐了一個高中生，她問了我一個簡單的問題：「怎樣才能成功？」我覺得糟透了，因為我沒辦法給她一個好答案。

00:36　So I get off the plane, and I come to TED. And I think, jeez, I'm in the middle of a room of successful people! So why don't I ask them what helped them succeed, and pass it on to kids? So here we are, seven years,

500 interviews later, and I'm going to tell you what really leads to success and makes TEDsters tick.

最後我下了飛機，到了 TED 會場。我意識到，老天，這個地方不就滿是成功的人！為什麼不問問他們成功的秘訣，然後再告訴孩子們呢？經過 7 年 500 次訪談後，我將告訴大家真正的成功之道，並以成功的 TEDsters 為例子。

00:56　And the first thing is passion. Free-man Thomas says, "I'm driven by my passion. " TEDsters do it for love; they don't do it for money. Carol Coletta says , " I would pay someone to do what I do." And the interesting thing is: if you do it for love, the money comes anyway.

第一項就是熱情。汽車設計師費曼‧湯瑪斯曾說：「熱情就是我的動力。」TEDsters 做事絕非出於「利」，而是出自熱愛。城市設計師凱若‧柯麗塔說：「我願意付錢讓別人做我的工作。」有趣的是，出於熱愛做的事，一定會獲利。

01:11 Work! Rupert Murdoch said to me, "It's all hard work. Nothing comes easily. But I have a lot of fun." Did he say fun? Rupert? Yes! TEDsters do have fun working. And they work hard. I figured, they're not workaholics. They're work frolics.

努力！媒體大亨梅鐸告訴我：「全靠努力，無事可輕鬆獲得。不過，我從中得到許多樂趣。」他說了「樂趣」嗎？梅鐸？沒錯！TEDsters 從工作中得到樂趣，而且他們非常努力。我發現，他們不是工作狂，而是「工作玩家」。

01:31 Good! Alex Garden says, "To be successful, put your nose down in something and get damn good at it ." There's no magic; it's practice, practice, practice.

成為高手！電玩開發高手愛力克斯・嘉登說：「要成功，先得立定目標，然後讓自己成為高手。」一切沒有捷徑，只有練習、練習再練習。

01:39 And it's focus. Norman Jewison said to me, "I think it all has to do with focusing yourself on one thing."

　　專注！製片諾曼‧喬森跟我說：「我認為一切都跟能多專注在一件事情上有關。」

01:45　And push! David Gallo says, "Push yourself. Physically, mentally, you've got to push, push, push." You've got to push through shyness and self-doubt. Goldie Hawn says, "I always had self-doubts. I wasn't good enough; I wasn't smart enough. I didn't think I'd make it."

　　狠勁！劇場美術設計師大衛‧高羅說：「對自己狠一點！體能上、心智上，都必須不斷的突破、突破再突破。」要狠下心克服害羞跟自我懷疑。演員歌蒂‧韓說：「我向來懷疑自己，我不夠好、不夠聰明、我不覺得自己會成功。」

02:13　Serve! Sherwin Nuland says, "It was a privilege to serve as a doctor." A lot of kids want to be millionaires. The first thing I say is: "OK, well you can't serve yourself; you've got to serve others something of value. Because that's the way people really get rich."

服務！醫生作家薛文‧諾藍說：「我有幸能成為醫生為大家服務。」很多孩子們跟我說想成為百萬富翁，我回答他們的第一句話就是：「好，不過你不能只服務自己，你必須先為別人提供有價值的服務，因為只有這樣才能真正富有。」

02:30　Ideas! TEDster Bill Gates says, "I had an idea: founding the first microcomputer software company." I'd say it was a pretty good idea. And there's no magic to creativity in coming up with ideas -- it's just doing some very simple things. And I give lots of evidence.

想法！ TEDster 比爾‧蓋茲說：「我有個想法，想創立世界第一個微電腦軟體公司。」我覺得那是個非常棒的想法。創意靈感的產生沒有捷徑，就是做這些非常簡單的事。

02:46　Persist! Joe Kraus says, "Persistence is the number one reason for our success." You've got to persist through failure. You've got to persist through crap! Which of course means "Criticism, Rejection, Assholes and Pressure."

毅力！軟體商喬・庫斯說：「有毅力才會成功。」即使失敗，也要有毅力撐過去。要有毅力撐過爛事！也就是「批評、拒絕、爛人與壓力」。

翻轉想法

　　聖約翰花了超過 7 年時間訪問 500 名成功人士。其中包括從世界知名人士比爾蓋茲到一般人不熟知、但在其領域很成功且知名的人。最後歸納出成功的 8 種特質，在面試中如果你能讓主管看到這 8 種特質，絕對會是被錄取的不二人選。

★ 充滿熱情的做事 ★

　　在面試中，最好能表現出你對這份工作或這間公司有多少的熱情，並闡述為什麼你會對工作有如此的熱情。如同汽車設計師湯瑪斯說的：熱情就是我的動力。那麼你的熱情究竟是來自於什麼？

　　其實熱情是可以被創造的，熱情是一種情緒，無論那件事情有多累，有了熱情，你便可以無止境的做下去並且做到最好。熱

情來自於相信自己能夠做得很好，相信自己就算遇到不熟悉的事務，也能勇於面對和挑戰。

在面試中展現你的熱情與迫切，能夠說服面試官相信你會認真對待這份工作，並且有毅力的做下去。因為你有了熱情，就不會臨陣脫逃，無論遇到什麼樣的困難，都能夠享受於其中。其實熱情看似微小，卻有著巨大的能量，有了熱情，有很多問題好像都不是那麼困難了，而你因為有了熱情去看待和解決事情，絕對和沒有熱情的人有著巨大的差別。

★ 努力工作之餘，別忘了從中發掘樂趣！ ★

為自己的工作努力這不是必要的，而是基本的。但在面試過程中，很多人會回答：「如果進了貴公司，我一定會非常努力完成每一個指派給我的任務」，其實這句話很爭議，是你要進了公司才開始努力嗎？還是公司要接受每一個人來我公司都是邊做邊開始努力呢？你該表現的應該是，你的個性不管遇到多大的困難、多艱難的屏障，都會全力以赴的解決。如果能讓面試官察覺你不僅是個努力求上進，還是位懂得時間分配及規劃，懂得自我提升與成長的人，這絕對會為你的面試帶來很大的加分！

★ 專注地做好這一件事情！ ★

面試前，請盡可能排除所有會讓自己分心的事情（最好把手機調成靜音）。面試前請把前置作業準備詳細，不只是公司的基本訊息、經營理念和文化背景，除此之外，請確實做好行前的規劃路線（萬萬不可遲到）、及不合適的服裝，這些看似微小與面試毫無相關的小細節，都可能會間接影響你的面試。

若在短短的時間裡也無法高度專注的話，面試官所問的問題你大概也無法一次性理解，會導致沒有邏輯和條理，再加上如果因為準備不足讓自己的回答不夠自信，不自覺的情況下，你的肢體語言也會出賣你，你可能不時的抖腳、搓手、眼神閃爍，讓對方對你的印象大打折扣。

★ Push 自己變得更好 ★

世界上最公平的事情就是每一個人都只有 24 小時，但有人可以把 24 小時過得像是只有 12 小時般的短暫，也有人可以把 24 小時當成兩天的時間再用。這都取決於你一天做了多少事情？做了什麼事情？真正有成就的人不會花時間在無意義的事情上，例如：玩電動、睡午覺，如果你的夢想是當電競選手，或是你那段時間需要睡眠的充足，那大可以另當別論。當你做一件事情時，

你可以試著想想，做這件事情可以帶來什麼好處？可以讓自己進步嗎？如果你真的覺得很無聊，你可以試著找新的東西來學習並精進自己，有一些東西短期之中沒有巨大的效益，但機會到來時，或許能派得上用場。

★ 不斷腦力激盪來激發創意靈感 ★

一個有競爭力的公司，多半喜歡能給他們嶄新想法的員工，而不是叫他做什麼就做的機器人。有些公司在找員工時，會找外向活潑、具有開朗特質的人，到哪裡都可以和大家相處得很好，而不是個性封閉、問他興趣是什麼，總回答聽音樂、打電動的那種人。

★ 設立目標然後讓自己進步成高手 ★

現在的資源很多，要學習別的領域的專長不是難事，你可能同時會有很多種技能，例如：電腦辦公軟體、做菜、修車、修剪樹木等，但你得搭配你的目標，把自己的某些技能鑽研到很專業。如電腦開發高手嘉登說：「要成功，先得立定目標，然後讓自己成為高手」。

★ 提供有價值的服務 ★

公司的面試其實就是在找哪些人能夠幫助公司帶來好處或貢獻，就算你擁有幾十張專業證照，但不是公司想要的，那就沒有任何意義。所以事先規劃好自己的目標，或事先想好未來想要進入哪些領域都是優勢，你可以提早準備好強而有力的相關證照。另外，在面試時，除了說出自己的專長及優勢以外，也必須統整出你的專長優勢可以幫公司帶來什麼樣的利益或貢獻，請具體的描述，不要天馬行空。

★ 有毅力面對困難與挫折 ★

面試中，常常被問到「為什麼離開前一份工作？」這個問題的答案可以讓公司知道，是不是你在前一份工作犯了什麼失誤？無法承受前一份工作的壓力？人際關係不好？或者你是一個遇到問題就很容易放棄的人？你的回答都足以列為公司採不採用你的重要因素。

因為在工作中每個人都會遇到壓力、人情、時間分配……等的問題，但有些人卻只會用逃避來解決問題，懷抱著大不了我就把老闆開除的心態。要知道，沒有一家公司會想要花大量時間及大筆金錢來訓練一個很有可能會遇到一點壓力而隨時離開的員

工。所以回答前，你必須好好想清楚。

✍ 通往成功的 8 件事

Passion 熱情：不顧一切就是要找到讓你產生熱情的事。

Work 努力：投入你想做的事情，不分晝夜、不計報酬。

Focus 專注：專心於一件有熱情的事，直到變成達人，財富會隨之而來。

Push 狠勁：自我鞭策，甚至借助外力來鞭策自己。

Ideas 想法：保持頭腦靈活，不放過任何可以腦力激盪的機會。

Improve 進步：每天都要比今天多進步一點。

Serve 服務：用將心比心的態度，來解決別人的問題。

Persist 毅力：失敗為成功之母，記取教訓繼續向前走，並堅持到底。

領導力

別低估你
不平凡的領導力

不是讀完博士才能成為專業人士,同理,不是唸完 MBA 才能擁有領導力,其實在不知不覺中,你的領導力已經默默的萌芽了。

———————————— 精采選錄 ————————————

00:11   How many of you are completely comfortable with calling yourselves a leader? See, I've asked that question all the way across the country, and everywhere I ask it, no matter where, there's always a huge portion of the audience that won't put up their hand. And I've come to realize that we have made leadership into something bigger than us. We've made into something beyond us. We've made it about changing the world. And we've taken this title of leader, and we treat it as if it's something that one day we're going to deserve, but to give it to ourselves right now means a level of arrogance or cockiness that we're not comfortable with.

And I've been lucky enough over the last 10 years to work with some amazing people who have helped me redefine leadership in a way that I think has made me happier. And with my short time today, I just want to share with you the one story that is probably most responsible for that redefinition.

外商、大企業求職秘笈

有多少人能大聲的說自己擁有領導力，並願意在團隊陷入困境時挺身而出領導團隊？我到各國各地演講時問到這個問題，不論在哪個國家，大多數的觀眾都不會舉手。然而我發現了一件事：人們把領導力想像得太過了不起，好像得大到足以影響一個區域、一個國家、甚至是影響全世界，才有辦法稱之為領導人。又或許自稱有領導力會讓人不舒服感到驕傲自大，但不是的，領導力其實很小，小到你隨處可得，可能在你的家庭裡、同學裡、或者你是家中的第一個孩子，都富有領導力，會間接影響到身邊的人。

　　我很幸運的，在過去這 10 年裡，遇到了一群很特別的人，在與他們一起共事的過程中，他們幫我重新定義了「領導力」，不是那種古板的解釋，不再需要拯救全世界才配叫做領導人，這讓我無形之中變得很快樂。在這裡，我想和各位分享一個重新定義「領導力」最直接相關的故事。

01:11　I went to school in a little school called Mount Allison University, and on my last day there, a girl came up to me and she said, "I remember the first time that I met you." And then she told me a story that had happened four years earlier. She said, "On the day before I started university, I was so scared and so convinced that I couldn't do this, that I wasn't ready for university, that I just burst into tears."

　　我大學念的是一所規模小的學校叫 Mount Allison，我在那裡的最後一天，一個女孩走上前來。她說：「我記得第一次見到你的情景。」然後她告訴我 4 年前發生的一個故事。她說：「大學開學的前一天，我超害怕的，怕到相信自己沒準備好上大學，於是就哭了起來。」

01:45　And she says, "So I went the next day and I was standing in line getting ready for registration, and I looked around and I just knew I couldn't do it. I knew I wasn't ready. I knew I had to quit." And she says, "Just at that moment, you came out of the Student Union building wearing the stupidest hat I have ever seen in my life. You had a bucketful of lollipops. And you were walking along, and you were handing the lollipops out to people in line. And all of a sudden, you got to me, and you just stopped, and you stared. It was creepy." (Laughter)" And then you looked at the guy next to me, and you smiled, and you reached in your bucket, and you pulled out a lollipop, and you held it out to him, and you said, "You need to give a lollipop to the beautiful woman standing next to you." And she said, "I have never seen anyone get more embarrassed faster in my life. He turned beet red, and he wouldn't even look at me. He just kind of held the lollipop out like this."(Laughter)" I haven't spoken to you once in the four years since that day, but I heard that you were leaving, and I had to come up and tell you that you've been an incredibly important person in my life."

　　她說：「隔天我去了學校，在排隊註冊的時候，我四下觀望，知道自己還沒準備好。我知道我要打退堂鼓了。就在那時候，你從學生中心走出來，戴著我見過最傻氣的帽子。然後你提了一桶棒棒糖，一路走一路發，給排在隊伍裡的人。突然間，你看到我，就停住了，你盯著我看。真讓人起雞皮疙瘩！」（笑）「然後你看著站在我身邊的一個男孩，你笑了！你把手伸進桶子，拿出一枝棒棒糖，遞給他說：『你必須給這位站在你旁邊的漂亮小姑娘一枝棒棒糖。』」她說：「我一輩子沒見過任何人這麼快就變得窘迫，他滿臉通紅，看也不看我一眼，他只是側著身把棒棒糖給我。」（笑）「這 4 年中，我一次都沒有和你說過話，但我聽說你要離開了，我一定要告訴你，你曾經是我生命中那麼重要的人。」

04:07   How many of you guys have a lollipop moment, a moment where someone said something or did something that you feel fundamentally made your life better?

你也有這種時刻嗎，有那麼一個人不小心的走進你的心裡拉了你一把，或者在你快要撐不下去時給你一句鼓勵；或許你也曾經在別人的生命裡，也擔任過這樣一個角色，你無心的一句話、一個動作或是一個眼神，你幫助了他人。

04:57   Marianne Williamson said, "Our greatest fear is not that we are inadequate. Our greatest fear is that we are powerful beyond measure. It is our light, and not our darkness, that frightens us." And my call to action today is that we need to get over that. We need to get over our fear of how extraordinarily powerful we can be in each other's lives. We need to get over it so we can move beyond it, and our little brothers and our little sisters, and one day our kids -- or our kids right now -- can watch and start to value the impact we can have on each other's lives more than money and power and titles and influence.

知名作者及政治家 Marianne Williamson 說過：「我們最大的恐懼不是我們無能，我們最大的恐懼是我們強而有力，不可限量。嚇壞我們的是我們的光明面，不是我們的黑暗面。」我呼籲我們必須克服這個恐懼，我們需要克服的是：我們擔心自己對彼此生命的特殊影響力。我們必須終結它，才能超越它。然後，我們的小小兄弟姊妹們，或有一天我們會有的孩子，或我們現在就有的孩子，能看見我們對彼此生命的影響，然後開始珍視它，更甚於金錢、權力、頭銜和影響力。

翻轉想法

　　是不是因為從小的教育環境，導致大部分的人們都認為自己不夠格做為一位領導者？或是對自己的領導能力沒有自信。或許你會認為比自己厲害的人有千百位，為何是我當領導人呢？你必須要放棄這種想法，不要認為領導力是那麼遙不可及且與自己無關，又或者要有多高的學歷、念完 TOP 管理學院才配有領導者的頭銜。Nuance Leadership 公司創辦人卓杜立認為，其實在生活中，我們每一個人都擁有領導能力，而且你可能也正在做著，有可能

出現在學校裡、或倒垃圾的路上。參考以下 4 種觀點，你會重新定義領導力，在面試中大幅提升對自己的領導信心。

★ 別把領導力想得太神聖， 每個人都可以透過學習成為領導者 ★

「領導者」這個詞，總給人位高權重、經驗很豐富、年輕人不適合的感覺，使得許多年輕、基層的工作者，在面試時就先認為自己無法擔任領導者這個位子，覺得這個位子必須留給最優秀、學歷最高、最有經驗的人，但其實你我都可以透過學習成為領導者。如果魅力是 nature（天生），那麼領導力就是 second-nature（後天培養）。我們總把領導力想像得很神聖，要經歷過多少的豐功偉業才有辦法得到。事實上領導力可以透過後天的學習及培養而成。好的領導者就是好的學習者，會時時檢視自己的不足並補足。例如：知道自己英文不好，就會天天練習英文。當你知道自己缺乏某一項東西時，會想盡辦法學會補足，時常學習，個人領導力就會提升，一旦提升之後，無論是升遷或加薪都不再遙不可及。領導人不是天生就是領導人，而是他們選擇讓自己成為領導人，領導力不是超能力，它是你想要，就可以透過培養與修煉得到的能力。

★ 領導力不是想改變世界，而是從影響身邊的人開始 ★

好好的回想一下，在學生時期、或者工作階段，你身旁有沒有朋友遇到感情的事情會詢問你的意見？或是遇到困難需要幫助時就會問你？需要做出某種抉擇時想要你提供意見？當這些場景曾在你生活中出現過，其實你就已經走在成為優秀領導者的道路上了。如果你的夢想是改變世界，其實不是一次就得改變世界上那60幾億人，而是慢慢的影響身旁的人，還有自己的內心。你可以先改變自己的憤世嫉俗、改變自己的生活態度、改變自己那有時會逃避的想法，改變自己影響他人，首先要讓自己擁有正面的影響力，旁人也會漸漸被正面上進的你影響，這就是你成為領導者的開始。

★ 你不知道，其實有人因為你生命過得更美好 ★

無論是你是否曾經參加過志工團體，你一定曾經幫助過身邊的人走出低潮，但自己卻沒放在心上，有可能是一句加油，或是一句讚美，可能你沒有放在心上。因為當真心想要幫助別人時，我們會表達清晰，傾聽對方的意見、在安靜的地方說話，而事後卻不會把這件事情放在心上。其實這些行為，都是我們領導力的開始，從旁觀者的角度幫助對方看清事情，有條有理的分析來龍

去脈，這些都是在領導著對方，只是自己沒有意識到而已。雖然你的領導能力還未能強大到讓大家看見，但這世界上的某個角落、某個瞬間，一定有曾經被自己正面領導過的人，請對自己有更多信心，你絕對做得到的！

★ 你的善舉，就是影響力的開始 ★

善舉是什麼？就是多替他人想，可能是一個舉動、一句貼心的話語，都能讓人感到溫暖。也或許現在管理好自己就是善舉的表現，管理好自己不亂丟垃圾、不抱怨、多替他人著想，能夠真誠的關心周邊的人，彼此建立一種信任關係，或許還能進一步幫助他人解決困難、克服挑戰。若在工作中，善舉就是能夠介入團隊任務增加組織效率、平撫安慰沒有根據的恐懼，並避免員工費心處理內部衝突。想要朝一個領導者的方向前進，第一步就是做最好的自己，幫自己擬定明確的人生與工作目標，然後堅持有毅力的走下去，就是領導力的開始。如果能讓自己變得更好，對未來堅信不已、堅持自己的信念，即使知道前方路途遙遠，仍能穿越層層屏障，朝著正確的方向前進。像這樣準備好迎接挑戰的你，現在走在準備面試的路上，時時提醒自己，這就是展示領導力的第一步。

06 堂課

自覺

自信表現，
才能挺身而進

嶄露自信，才能挺身前進，不要再讓別人幫你決定！把握機會，相信自己，積極爭取。

講師 Sheryl Sandberg　雪柔‧桑德伯格

題目 Why we have too few women leaders
為什麼我們的女性領袖太少

────────── 精采選錄 ──────────

00:12　So for any of us in this room today, let's start out by admitting we're lucky. We don't live in the world our mothers lived in, our grandmothers lived in, where career choices for women were so limited. And if you're in this room today, most of us grew up in a world where we have basic civil rights, and amazingly, we still live in a world where some women don't have them.

But all that aside, we still have a problem, and it's a real problem. And the problem is this: women are not making it to the top of any profession anywhere in the world. The num-bers tell the story quite clearly. 190 leaders of state -- nine are women. Of all the people in parliament in the world, 13 percent are women. In the corporate sector, women at the top, C-level jobs, board seats -- tops out at 15, 16 percent. The numbers have not moved since 2002 and are going in the wrong direction. And even in the nonprofit world, a world we sometimes think of as being led by more women, women at the top: 20 percent.

　　對於今天任何一個出現在這個房間裡的人，就讓我們從承認自己很幸運開始吧。我們不是生活在我們母親的年代，也不是我們祖母的年代，那時婦女的職業選擇非常有限。今天在這個房間裡的人，大多數都成長在一個有基本公民權利的世界。但令人驚訝的是，這個世界仍然有某些女性沒有這些權利。

　　除此以外，我們還有一個問題，一個真正的問題：在世界任何地方，女性並沒有達到任何專業的頂峰。數字可以很清晰的說明這件事。190 位國家元首中，只有 9 位是女性。在世界各國議會裡，只有 13％ 是女性。在企業裡，女性位居最高領導階層、高階主管、董事會席位的，頂多 15％、16％。自 2002 年以來，這些數字都沒有變化，還朝著錯誤的方向邁進。即使在非營利組織中，一個我們有時會想像是由女性領導的世界，在最高領導階層的婦女也只有 20％。

01:19　We also have another problem, which is that women face harder choices between professional success and personal fulfillment. A recent study in the U.S. showed that, of married senior managers, two-thirds of the married men had children and only one-third of the married women had children.

A couple of years ago, I was in New York, and I was pitching a deal, and I was in one of those fancy New York private equity offices you can picture. And I'm in the meeting -- it's about a three- hour meeting -- and two hours in, there needs to be that bio break, and everyone stands up, and the partner running the meeting starts looking really embarrassed. And I realized he doesn't know where the women's room is in his office. So I start looking around for moving boxes, figuring they just moved in, but I don't see any. And so I said, "Did you just move into this office?" And he said, "No, we've been here about a year." And I said, "Are you telling me that I am the only woman to have pitched a deal in this office in a year?" And he looked at me, and he said, "Yeah. Or maybe you're the only one who had to go to the bathroom."

我們還面臨著另一個問題，就是女性在職業成就和個人實現方面，面對較艱難的選擇。美國最近的一項研究表明，已婚的高階管理人員，2/3 是已婚而有孩子的男性，只有 1/3 是已婚而有孩

子的女性。

　　幾年前我在紐約一間你能想像的別緻紐約私募基金辦公室裡談一宗交易。這是個大約 3 小時的會議，2 小時過去了，大家需要休息一下，每個人都站了起來，而那個舉行會議的合作夥伴開始看起來很尷尬。我意識到他不知道他的辦公室哪裡有女性洗手間。所以我開始環顧四周找那些搬家的箱子，猜測他們才剛搬進來，但也沒看到。所以我問：「你們剛剛搬進這個辦公室嗎？」而他說：「不，我們已經在這裡差不多 1 年了。」我說：「你是說，我是這 1 年裡，在這個辦公室裡談交易的唯一一個女性？」他看著我說：「是啊，或是你是唯一一個要去洗手間的。」

02:27　So the question is, how are we going to fix this? How do we change these numbers at the top? How do we make this different? I want to start out by saying, I talk about this -- about keeping women in the workforce -- because I really think that's the answer. Today I want to focus on what we can do as individuals. What are the messages we need to tell ourselves? What are the messages we tell the women that work with and for us? What are the messages we tell our daughters?

以上我們可以看到，女性在職場的問題，不只是現在，也是我們未來必須解決的事情，要如何改變這些領導階層的數字？如何改變平衡？首先得先查明原因，今天，我希望把重點放在我們個人能夠做些什麼，可以從中得到哪些訊息？什麼訊息是我們要告訴那些與我們一同工作和為我們工作的女性的？什麼訊息是我們要告訴女兒的？

03:57　My talk today is about what the messages are if you do want to stay in the workforce, and I think there are three. One, sit at the table. Two, make your partner a real partner. And three, don't leave before you leave.

我今天要談的是，如果你真的想繼續留在職場，我認為應該要做到三點。一，坐在桌旁；二，使你的伴侶成為一個真正的合作夥伴；三，離開工作之前心思別離開。

翻轉想法

➡　你在該積極進取時反而退縮？

➡ 你是否也因為需要兼顧工作與家庭而感到分身乏術？

➡ 你是不是也曾質疑自己的能力？

➡ 給所有想要成為女性領導者的你們。

是不是因為你是女生，在某些需要做決策的時候，你會因為大部分的合作夥伴都是男性而不敢多做其他意見？刻意壓抑自己的表現？把功勞讓給別人？還是你為了家庭、小孩的教育而放棄了即將可以得到的職位？你的內心其實有打拚事業的衝勁，卻因為瞻前顧後而對此有了遲疑？還是你被有著傳統思想的父母要求要把家庭顧好？你現在所經歷的一切，沒有人可以告訴你正確答案，連 Facebook 營運長（COO）桑德伯格也都不一定有標準答案，但你可以從這篇 TED 中找出你所需要的勇氣，並把它記在心裡。

★ 想成為領導者，要先從內在開始相信自己 ★

其實很多思維，都是自己綁住自己，許多女性領導者，並不是被男性同事排擠或是有著性別歧視，而是自己把自己鎖在傳統的思想框架裡。打開自己的盲點，去發現真正無法踏出那一步的原因是什麼？是怕被閒言閒語嗎？還是怕自己其實做不到？你必須先從心底開始相信自己，其實很多事情都只是自己的想像罷了，突破自己內心的障礙，是所有女性都要學習的課題。

比起歐美，許多亞洲女性不相信自己天生就是個領導者，不相信自己優秀過人，或是不相信自己「能夠」成為領導人，其實無論男性還是女性，只要你內心是渴望成為領導者的，都能夠靠後天的養成及努力學習模仿，無論如何，先相信自己可以成為很棒的領導人吧！

無須因為身旁的聲音改變自己內心的決定，難道因為隔壁鄰居說女生應該顧家，你就棄自己的事業不顧而去生小孩嗎？難道因為父母告訴你嫁個好男人就好，你就要放棄自我成長就去嫁人嗎？現在這個年代，要不要跨越傳統思想，其實就在你的一念之間，就算可能會違反傳統思想，但只要你肯定自己的努力、相信自己的理念、肯定自己的才華、相信自己的魅力，無論是在哪一個領域事業都有可能發光發熱。第一步就是得先相信自己，你才有機會闖出自己的一片天。

1. 參與，坐到桌子旁吧

不管你是為了什麼而工作，為了熱忱、為了有影響力、為了快樂，讓你參與投入更多時，你愈能得到這些東西。你愈參與，就愈能學到東西。

桑德伯格在演講中提到，每次開會時候，女性都喜歡坐在會議室的後方，或是離主管愈遠愈好的位置，但是這樣做，不但讓

　　　　　　　　　　　　　　　　外商、大企業求職秘笈

你自己不被注意與重視，也會讓人感覺是一個無法承擔責任的人。

就像大學社團一樣，社團內有各種不同專長的人，而不同領域的人負責社團中不同的事務，例如找贊助商、設計海報、設計活動、主持活動、財務規劃、安排人員等，讓大家發揮所長。有趣的是，在這個過程中大家會開始發現自己的盲點，或許是針對一件你從來沒有這樣想過的事，但其他社員卻因為他的專業而提出了不同看法，激發了你各種不同的 idea。而工作也是，在面試時，最好讓主管知道你是熱心參與各種公司活動的人才。

2. 找一位支持你、願意與你一起成長的伴侶

演講中提到一個有趣的數據，當父母同時都有一份穩定的工作時，母親做的家事是父親的 2 倍，照顧孩子的時間是父親的 3 倍，如果其中一人要放棄工作，理所當然的必定是母親。

但兩個人一起生活，需要一起處理對外的種種任務，真正的「體貼」是一種隨時注意著對方的心力，是繁忙生活中給伴侶的「特留分」。現今社會總是給男性比較多壓力，要求男性必須事業有成，女性要宜室宜家。但其實撇開兩性因素，做自己最擅長的事情，不是比較容易嗎？雖然不是所有女性想要成長都會被另外一半認同，但如果你是一位重視自我成長的女性，請務必選擇一位思想與你門當戶對，並且願意和你一起成長的男性。

3. 往前看，不要讓腦袋胡思亂想

許多女性因為年紀到了還沒結婚，就開始被周遭親朋好友以及社會觀感催促，桑德伯格在演講中提到的「別放棄」，意思是只要人還留在工作崗位上，心也不會離開。

在面試時，很多主管不喜歡有家庭的女性，並不是因為有家庭不好，而是不希望因為家庭導致你工作分心。不妨把自己抽離「想太多」的情緒，讓工作更快樂一些，做事更有效率一些。專心是一種不分男女的能力，別忘了在面試時，不僅要做好充分的準備，也要專注每一個面試官的回應。

Part
02

進入外商
與大企業 **2**

職涯規劃

捫心自問，你對自己有多少了解？

透過自我探索的課程或自我價值的測驗、以及認識企業對人才的需求，來讓自己職業生涯的道路更加清楚明亮。

寫在課堂之前

　　自由是做自己愛的事情，把自己所愛變得有意義。這個觀念在西方面試文化當中不斷被強調。

　　我們為何工作？能不能把工作意義還給自己？

　　Cindy 是一位在科技業資歷高達 20 年的財務主管，外表一點都不強悍，非常溫柔，她要面試的職位是 OPPO 在大陸的職缺，這個職缺必須常常到歐洲與各國的人開會，面試的競爭者超過 100 個，經過長達 3 個月的面試與等待，最後她順利拿到了職位，過程中我們協助她調整了一些觀念——展現自己的「價值」，而非實力。

　　當所有面試的競爭對手實力都差不多時，Cindy 用英文清楚的表達出：現在的中國年輕人非常像她當年出社會一樣，有幹勁，

肯吃苦，肯加班，樂於接受挑戰，但幾年的工作經驗下來，中間有許多迷惘，例如她曾經不知道怎麼拿捏家庭與工作的平衡、不清楚同事競爭搶同一個位子的時候，失敗了該如何調整心態，而後她學著同時照顧自己的心靈與生活，也正是因為她開始擁有、明白這些工作之外的人生價值，使她在面試中勝出，爭取到職位。

　　人才之所以成為人才，每一段歷史、走過的路，都有原因；每個茫然的此刻，都是抵達未來的存在。通過很多擁抱、解放、溫柔、傷痛，來到了此地，沒有人能夠獨立的不倚靠任何回憶的養分去過生活，在職場爬過傷痕的紋路，才成為現在的樣子。再遺憾的曾經，追悔起來都是有意義的。

　　雖然市面上有許多教面試的老師，但我們希望讀者和學員能了解：面試與英語面試並不是同一件事情。在英語面試中，你的競爭對手和你一樣，應該都有很流利的英文水準，因此你在溝通時要以西方的邏輯去看待所謂的面試，許多老師對於西方面試的邏輯能力不足，便把西方的一些元素拼湊成教材，賣知識落差，但這並沒有辦法抓到面試的靈魂。當你的英文表達力好、專業能力好，你會發現職場的職位供過於求，因為你已經跨越某一段競爭水準了，因此突顯自己的人生「價值」才顯得如此重要！

07 堂課

提升全球心態

你是讓各大企業
搶破頭的國際菁英嗎？

地球村的時代，不論身在各種行業，都有可能成為國際人才，不要覺得不可能，你未來的工作可能落在地球上的任何一個角落，如果想要有競爭力，除了你的國際語言能力（英文或任何語言能力）之外，你必須具備的第一項能力——全球心態。

根據 Institute of International Education 最新的研究報告指出，近年來，有愈來愈多來自世界各地的學生到美國接受高等教育。同樣的，也有愈來愈多的美國學生紛紛到異國求學。大家所追求的，就是國際化。隨著資訊越來越發達，人才的發展不再侷限於一個國家，國際化已成為人才移動的趨勢。全球各大企業正注視著中國與東南亞市場，因為市場的大小及發展不同，臺灣的就業市場開始有了變動，更多的臺灣人選擇跨出臺灣，朝有國際化潛力的地方發展。

雖然因此人才外流，但這就是現在的國際趨勢。對於現在國際化來臨，若想要有競爭力，語言只是最基本的門檻。為了讓自己的工作選擇不那麼受限制，你必須加強自己的能力，可能是知識，可能是技術，甚至是心態。

若是選擇逃避、拒絕接受挑戰，不使用國際化的思維去處理這個議題，你可能會面臨一些挫折，包含工作機會減少、薪資停滯、甚至被裁員！國際化的議題，不是選擇題，而是現在必須面對的事情！

★ 成為國際人才，在國際線上伸縮自如 ★

國際化的來臨，使得現今愈來愈無國界，在這國際潮流中，

我們需要更有技巧地去面對及挑戰！但究竟該做些什麼？這可能是多數人的疑問。有人可能經常出國遊玩，因足跡遍及了全世界而自稱為國際人，但這只是國際化之中的一小部分；真正的國際化，其實是一種心態，是思維上的與眾不同。

國際化對自身的影響，可以是你用世界共通語言自信的與任何人傳達你的理念及價值觀，也可以是接受來自不同國家的文化及習慣。對任何新鮮事物保有開放及好奇的心態，且用此心態去解決問題；在專業上，你不只能夠使用來自四面八方的資源，還能與各國擁有相同領域的專業人士交流。對於你現在所身處的社會，你關心它嗎？你有在關注身旁所發生的一切嗎？你關心我們的土地，以及生活在這塊土地上的每一份子嗎？如果你不關心，建議從現在開始行動。

國際人才（Global Citizenship）是一種無國界、無政治限制並接受各種不同文化的概念。擁有國際化思維的人，在行為模式和思考模式上，絕對會與傳統思維的人有著巨大的不同。

因此，為了能夠成為真正的國際人，我們必須在探索自身價值觀的同時，也能放開心胸去接受他人文化與理念，學習能夠追根究底、理性判斷，且保持開放的態度，並保有彈性的批判性思考。學習當一個可以站在世界各種角度思考的世界公民，透過與

各式各樣的人合作。

國際人才
Identities of Global Citizenship

根據聯合國教科文組織的定義，一個國際人才應該學會以下 16 件事：

Learn to know
學習知識

Personal Confidence
個人信心

How to FACILITATING Debate
如何精進辯論

Academic Achievement
學術成就

How to Speak More than
One Language
如何說一種以上的語言

Learn to be
學會做事

A Team Player
團隊精神

Innovative and Proactive
創新與主動

Challenged with a Sense
of Personal Adventure
個人冒險的挑戰

A Public Speaker 公開演講

Learn to live together
學會共同生活

Community Partnerships
社區夥伴關係

Sustainably Aware of our
Environment
對我們的環境持續了解

Community Service
社區服務

Culturally Aware and
Interactive 文化感知與互動

Learn to do
學會做人

Personal Target Setting
個人目標設定

Expressing the Artist in You
發揮你的創意

Business & Social Enterprise
商業與社會企業

Self-Reflection 自我反思

★ 跨出那一步，你需要的是全球心態 ★

在這無時無刻提醒國際化的時代，我們都了解不僅企業要國際化，就連自身及家庭教育都需要國際化，因此英文成了人人必修的科目。但若你認為僅僅只是會說英文，就能夠成為世界公民，那就大錯特錯了！國際觀並不只是知道巴基斯坦和巴勒斯坦的差別，或者是宏都拉斯與肯亞在哪裡。

國際觀到底是什麼？有國際觀到底有什麼幫助？而對你又有什麼好處？對於其他國家的歷史、近況、商業規矩有一定的認識的話，能夠讓你對於全球商業運作和結果有不一樣的判斷能力及想法。

擁有足夠的專業知識，語言能力，能夠與世界上所有的人對話，產生連結並做出貢獻。無論是在商業上，還是創立非營利組織幫助人民，這一系列的跨國活動，才叫做國際化。身為 21 世紀的國際人才，不同於以往，必須具備國際觀，把自己的力量伸展到全球，這才是我們應該做的！

雷鳥全球管理學院（Thunderbird School of Global Management）傑出講座教授兼研究院院長曼索·賈維丹（Mansour Javidan）認為，具有全球心態（Global Mindset）的人才應該具備 3 種資本。這 3 種資本包含了：知識資本（Intellectual Capital）：對國

際商業營運的各種知識，以及學習能力；心理資本（Psychological Capital）：無論異國的文化及社會風情有多大的不同，都能以不同的角度及開放的思考去接受，並有所改變；社會資本（Social Capital）：建立人脈、產生向心力與面對文化傳統、政治背景、專業知識。和你立場不同的各方利害關係人（同事、客戶、供應商、當地的機構），是否能夠影響他們做出連結。也許是合作、尋求幫助、又或是資訊交流的能力。

1. 知識資本（Intellectual Capital）

知識資本是指能轉化為市場價值的知識，是企業所有能夠帶來利潤的知識和技能。凡能夠提升自己的競爭力，或是能夠產出超越實質價值的無形資產（intangibles），都可廣義稱為智慧資本。

而在國際思維裡的智慧資本，不只是要了解各國的文化歷史、社會風情、或隨時關注各國的政經時事，也要具備能夠立即分析及統整這些事件對於自身的影響及變化，並能夠站在不同的角度進而從中做出決策。而知識資本又可細分成 3 大項：

◎ 嫻熟全球營運——熟悉理解全球營運模式並擁有專業知識

➡ 了解全球產業及其趨勢

➡ 了解全球具有競爭力的商業模式及其行銷策略

➡ 了解跨境的商業行為及法律知識

➡ 了解如何運作跨國公司及其可能面對的危機

➡ 了解需求領域中全世界所有的供應鏈

➡ 了解自身國家企業的產業優勢

◉ **掌握複雜狀況**──在資訊爆炸的時代裡，精準掌握狀況的能力

➡ 能夠獲取多國資訊的能力

➡ 擁有問題分析及解決問題能力

➡ 了解抽象概念的能力

➡ 擁有能夠在複雜的資訊中擷取重點的能力

➡ 能夠將資訊知識內化並化繁為簡的表達能力

◉ **開拓國際視野**──開拓國際視野，不再故步自封

➡ 了解世界各地不同的文化

➡ 了解全球地理、歷史、政治及時事名人

➡ 了解世界政經時事、熱門話題

2. 心理資本（Psychological Capital）

擁有全球心理資本的國際人，能夠入境隨俗並願意接納多元文化、樂於接受不同領域的挑戰、適應各種不同的做事方法及擁有可能發生變化的彈性。心理資本可細分為 3 大項：

◉ **熱愛多元文化**──接受多元文化，並擁有好奇心

➡ 樂於探索世界各地

➡ 樂於認識來自全球不同背景的人

➡ 能夠在天下任何一個角落生活

➡ 能夠接受各式各樣不同的想法

➡ 樂於嘗試了解不同領域

◉ **渴望冒險**——勇於嘗試各種未知且嶄新的事物

➡ 願意面對任何挑戰

➡ 願意嘗試沒有做過的事，願意挑戰自我極限，願意面對未知的領域，願意嘗試跨出舒適圈

◉ **自我肯定**——對自己有自信並相信自己可以做到任何事

➡ 無時無刻保持活力

➡ 隨時隨地展露自信

➡ 在不熟悉的環境中依舊能保持風範

➡ 不慌不忙的面對所有危機

➡ 掌握自我優勢

3. 社會資本（Social Capital）

社交資本表示你對不同文化的認同感與同理心，在與人社交時能夠適時發揮影響力，並能和文化、背景不同於你的人們產生連結，並建立彼此信賴的關係。社會資本可細分成 3 大項：

◎ **以同理心跨越文化界線**——以設身處地為人著想的方式來跨越文化隔閡,並產生信賴關係

➡ 與不同文化背景的對象交流的能力

➡ 了解除了語言之外也能用肢體語言和其他文化溝通的能力

➡ 能與不同文化的人有心靈上的交流

➡ 與不同文化背景的人合作完成工作的能力

◎ **發揮人際影響力**——在不同的場合適時發揮自己的影響力來解決事情

➡ 與其他文化背景的人進行商業談判與簽約的能力

➡ 良好的溝通能力

➡ 能夠連結事物,將人脈中的資源發揮到最大

◎ **善用外交手腕**——在關鍵時刻與人溝通並達成共識

➡ 能夠放開心胸與不認識的人們交流

➡ 能夠聽見並接納不同的聲音

➡ 能夠整合並運用不同的立場討論問題

➡ 組織團隊合作的能力

全球心態 3 大特質
Components of Global Mindset

想要成為國際人才，必須具備全球心態，包括以下 3 大類 9 小項：

Global Mindset

知識資本 Intellectual Capital

- To be familiar with the patterns of global operation 熟悉全球運營模式
- To control intricate conditions 掌握複雜狀況
- To extend international visions 開拓國際視野

心理資本 Psychological Capital

- To love pluralistic cultures 熱愛多元文化
- To thirst for adventures 渴望冒險
- To be self-affirmation 自我肯定

社會資本 Social Capital

- To cross the border of cultures with empathy 以同理心跨越文化界線
- To show interpersonal effects 發揮人際影響力
- To adopt diplomatic power 善用外交手腕

08 堂課

職涯規劃策略

8 個問題搞清楚
你的職業生涯

如果可以，找個能夠安靜獨處的地方，閉上眼沉澱情緒，然後問自己：我喜歡現在的工作嗎？我未來的職涯目標是什麼？我現在做的事情是否能夠往那個方向前進？

人的一生很長，你有想過你這一生會換幾個工作嗎？很少有人可以一份工作做一輩子，絕大多數的人都換過不少工作。工作的轉換是否讓你不斷的往前進，更接近自己的夢想，或是理想中的生活？而最影響你的兩大因素就是事先規劃及恪守計畫。

無論你是否滿意現在的生活、熱愛你的工作、喜歡現在並肩作戰的夥伴，都該找些能夠跟自己對話的空檔。也許是大家尚未起床的早晨，又或是不會有工作通知的深夜，在這些能靜下心的的時刻裡花點心思重新回想起自己的夢想及最終目標，並且審視自己現在的工作內容及生活，是否有偏離自己的生涯規劃。

建議你可以透過短期（1 至 3 年）以及長期（5 年以上）兩種不同時間長度的規劃來雙管齊下。在達到短期規劃的目標後，不僅是能走在有計劃的道路上，還可以更順利的往長期規劃的目標前進，不偏離跑道。藉由這樣的方法，幫助你在人生這條長道上可以不迷惘的堅持著，並隨時檢視自己前進的方向是否正確。

★ **Short-Term Career Planning 短期目標：**
    隨時開始，並實際可行！ ★

短期規劃的目標，達到目標的時間只需設定在 1 ～ 3 年，例如：一年後的外語檢定考試；兩年後的國家考試；三年後的出國工作。

這些方案必須是隨時可以開始準備且實際可行的，不要好高騖遠的覺得自己必須要在 1 年內做出別人 3 年才能完成的事情。

在你規劃自己的人生目標時，請試著把多餘的理由及雜音移除，包括沒有時間、爸媽不同意、認為自己做不到、親朋好友或另一半的不看好。雖然自己的規劃也與生活中的大家有關，但不需給自己太大的壓力，壓力太大反而會造成反效果。

制定目標確實要考慮周全，但不要為尚未發生的事，或自己的想太多而煩惱不已。人生的方向在不同的階段都需要不斷視實際狀況調整，重點是你必須帶著自己的目標往前走，這條道路可能不是最舒適的，但你會知道自己正在一步一步的靠近你的目標。

在認真思考並著手規劃之前，有一些問題，可以讓你更了解自己，若對未來依然迷茫，不妨問看看自己以下的問題：

1. 分析你的生活現況／未來可能的生活型態。

回想你這週的工作模式及生活狀態。如果很混亂，建議拿筆寫下來，從短時間開始整理：你滿意現在的生活嗎？你想要維持下去嗎？你目前的現職是否與你的目標有所關聯？

這幾個問題，建議靜下心來好好思考，不需馬上回答。

2. 分析你喜歡／不喜歡的事物。

回想一下，學生時期的你，喜歡做的事情是什麼？（可能是

運動，可能是刺繡），若是不知道自己喜歡什麼，不妨回想一下，你無聊的時候都做些什麼事情呢？若實在想不出來，建議換一個順序，問問自己：我討厭做什麼？以上的問題建議用紙筆寫下，容易清楚分辨及分析什麼才是你想追求的。

3. 分析什麼樣的工作會讓你產生熱情。

回想你的熱情所在，很多人會說「不知道」。但好好想一下，從以前到現在，你做哪件事情時間過得最快？你做什麼事情可以感到快樂？而這當中又有多少是在工作時發生的呢？

4. 分析你的長處與短處。

嘗試想像自己是雇主，用他們的思維模式去檢視自己的工作經驗、教育背景、個人專長與發展、能力等各方面的長處與短處，不足的地方就改進，不要讓自己的弱點成為主管不幫你加薪的主因；擅長的地方就繼續加強，拉開與同儕間的分水嶺。

5. 分析你自己對於成功的定義。

在你人生中，什麼樣的人叫做成功？可能是家財萬貫，也可能是很有權勢。有人認為不必擁有龐大財富，但一生中可以盡情做自己所愛的事叫做成功。你呢？成功在你心裡的定義是什麼？

6. 分析你的人格特質。

你是屬於哪種類型的人呢？你是喜歡與人接觸，還是喜歡跟

自己相處的時間？你是行動派，還是理論派？你喜歡求新求變，還是偏好穩定的生活？深入了解自己的人格特質，也許可以對自己未來的目標及期許的選擇帶來一點幫助。

7. 分析你理想中的工作。

最後，問自己：我的夢想是什麼？多數人可能會覺得模糊不清，但有更多人是完全不知道的。回想一下小時候，被問未來想當什麼時，你的回答是什麼？可能是老師、畫家、歌手……等。那現在的你，是否仍舊有這樣一個夢想，無論是否與小時候相同。如果不是，是什麼原因打消了小時候的夢想，是現實？還是單純能力不足？也可能是錯失了那選擇的機會。無論是什麼原因，請找出現在的夢想，從不同的角度檢視你現在所選的工作，是否朝著自己所期望的方向前進，只要方向是正確的，請繼續堅持的走下去！

8. 分析你的現狀。

在你開始執行計畫前，先紮實的把你現在的狀況整理清楚。理解並完成以上的練習後，我們就要開始替自己的短期生涯規劃做一個完整的計畫：

第一步：清楚明白自己的選擇及目標。

你或許有很多工作、很多夢想等待著你去嘗試，但如果你在

眾多領域上猶豫不決，想做的事情實在太多，請嘗試著做些刪減，保留你最有熱忱最有辦法全心投入的 1 至 2 個選擇。如果是沒有想做的事，那你必須先找到你想要做的事情。

第二步：收集有關你想做事情的資訊，並且研究。

例如：要如何踏入那個領域？喜歡的職業是否需要基本技能？仔細的檢視你的目標，我們要做的事，就是靠近它！

第三步：精確的定位。

想辦法得到你期待的工作需要的必備技能。如果無法確定實際的業界需求，你可以到各個人力仲介的招募專區、或從學校、身邊的朋友詢問是否了解這個領域。再將你目前所擁有的技能與必備技能比對，就會了解從目前的自己離自己期望的目標有多少距離。如果已經可以完全達到你期望工作的需求，那麼恭喜你，你已經準備好隨時都可以轉職了。但如果你距離理想目標還有段距離，請往下一個步驟繼續努力。

第四步：離目標還有多遠？擬定達標階段式計畫。

將自己所欠缺的技能或能力一一列出，思考是否能夠補足這些能力。想要補足這些能力，可以透過自學、或是去補習班等方式，針對這些擬定對應的解決之道。此外，擬定時程表也是不可或缺的！時程表能夠不偷懶的落實自己需要執行的步驟，並能夠

外商、大企業求職秘笈

階段性的往目標前進，但你的達標時程計畫，必須搭配現實來進行。找出一天時間裡，能夠長期固定學習的時段。

職涯規劃練習
Career Planning Exercises

讓我們來檢視一下，現在的職涯是否是往自己期望的方向發展。

★ Long-Term Career Planning
長期職涯規畫：不斷調整跟上趨勢 ★

長期職涯規劃的時間，通常設定 5 年以上，需要更全面性的準備及規劃。長期職涯規劃注重於人格核心價值與軟實力這兩個層面，因為這些能力並非短時間能夠改變，需要長期的培養及習慣才能真正的實踐，可能是你的早起習慣調整、飲食變化、又或是心態上的改變。

職場核心價值與軟實力：包含了工作適應能力、語言表達能力、人與人的交際能力、團隊合作能力、發現問題並及時解決的能力、計畫並執行的能力，不斷追求新知的態度等。

趨勢：如何讓自己跟上時事，不慢人一步呢？最好的方法就是定期不間斷的針對現況的發展，來調整自己的短期職涯規劃。定期檢視自己的職涯規劃，不但可以讓你更堅定且清楚了解自己目標，也能時時提醒自己並隨時保持對業界的敏感度。

請不要忽視職涯規劃這件事！職涯規劃是一輩子的事情（A Life-Long Process）！你可以依照以下 4 個步驟，隨時不斷修正並視實際狀況進行調整。

職涯規劃步驟
The procedures of career planning

STEP.1
Who am I? What are my interests,skills, values and personality style?

我是誰？
我的興趣、技能、價值、風格為何？
＝你必須先認識自己。

STEP.2
What do I want?
What are my options?

我想要做什麼？
我有哪些選擇？
＝思考並決定自己到底想要做什麼？現在的自己，擁有哪些選擇？

STEP.3
How do I get there?
What am I willing to do?

我如何到達那裡？
我願意做什麼？
＝知道了目標後，思考如何離目標更近一點，要如何達成目標？

STEP.4
How could I achieve my goal?

為了達成目標，我該如何計畫？
＝要實現一連串的計畫，事先都應該有所規劃。

職涯發展要如何進行？

知己（自我探索）＋知彼（適才適所並更新自己）＋抉擇（做決定計畫並立即行動）就可以進入正向循環。只要走在對的道路上，就能離目標更近了一步。

Career
Management
職涯管理

· Management Skills 管理技能
· Team Relationship 團隊關係
· Promotions 升遷
· Office Politics 辦公室政治
· Work/Life Balance 工作生活平衡

Self-Exploration
自我探索

· Values 價值
· Interests 興趣
· Skills 技能
· Personality 個性

Job search skills
求職技能

· Networking 人脈
· Resume 履歷
· Cover Letters 求職信
· Interviews 面試
· Negotiation 談判
· Company Research 公司研究

Work Research
工作研究

· Job Positions 工作職務
· Tendency of Labor Market 勞動市場趨勢
· Employers 雇主
· Work Environments 工作環境
· Data Mining 資訊探訪
· Job Prospect 工作展望

Decision-Making
做決定

· Prioritize Needs 整理需求
· Determine Goals 決定目的
· Set Objectives 設定目標
· Operational Project 行動計畫
· Practical Test 實際測試

Experiential
Education 體驗教育

· Internship 實習
· Volunteering 志工
· Preparation 準備
· Part Time Job 打工
· Service Learning 服務學習

外商、大企業求職秘笈

當你決定了目標並且實踐著，你會感到無比的充實

當你對現在的工作有了興趣，再加上熱情並且投入，你會發現自己不再只是為了錢而工作，並且覺得每一天都很快樂。你會沈迷於此，如果還能替自己帶來收入，那就是最理想的境界。

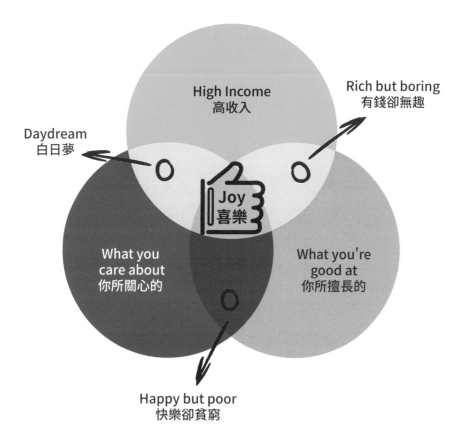

09 堂課

職業性向測驗

透過 4 大方向
來重新認識自己

職涯路上不繞遠路,你可以透過職業性向測驗,找出自己喜歡的工作類型,指引迷惘中的你。

以前在聯合國工作時，初期談判遇到許多挫折，一位朋友眼見我陷入對自我的迷惘與懷疑，便在轉機時拿出一張 100 元鈔票，問我：「你想要這 100 元嗎？」我立馬點頭，如果天下有白吃的午餐，我當然很想要！

　　接著，朋友把 100 元捏得皺皺的，又問：「你還想要這 100 元嗎？」我依然猛點頭。這時候我朋友便把紙鈔丟在地上，用鞋子踩了又踩，磨了又磨，然後撿起來再問：「現在這紙鈔又皺又髒，你還要嗎？」

　　「當然啊！」我還是點頭。朋友跟我說：「不論我怎麼踐踏這 100 元美金，你還是想要，為什麼呢？因為所有的攻擊與磨損，其實都並未減少它本身的價值，你也一樣，你是有價值的，所有的挫折並不會減低你的價值。」

　　現在想想為什麼有些人那麼成功？除了天時地利人和，是否還有哪些地方、條件不一樣呢？我想他們都擁有一個共通點：享受著自己的工作，而不只是為了財富，並且知道自己的價值所在。

　　《Forbes》前發行人 Malcolm S. Forbes 有句經典名言：The biggest mistake people make in life is not trying to make a living at doing what they most enjoy.（人生最大的錯誤，是在生活中不靠他們最喜歡做的事來謀生。）

如果可以把喜愛的事物作為自己謀生的工具，或許你每天就不會賴床了！「我的個性適合什麼樣的工作？」、「我喜歡勇於挑戰，什麼樣的工作適合我？」、「我喜歡什麼樣的工作？」、「我想要有獨立作業的空間與彈性的工時，從事什麼行業最合適？」

　　不論是應屆畢業生，還是剛進入職場的新鮮人、又或是已經工作一段時間的上班族，面對這類問題時依舊常感到疑惑，究竟自己喜歡什麼？我熱愛現在做的事情嗎？以下這份由美國人力資源公司 LeanUp 研發的職業性向測驗，提供你一個檢視自己的方法。

　　它涵蓋了 4 個部分，或許可以讓你更了解自己，並作為職涯選擇或領域探索的參考。包括：

➡ **技能**：你擅長什麼事情？不擅長什麼事情？

➡ **興趣**：生活中，你會不知不覺的對什麼事情感到興趣？

➡ **風格**：你幻想中的工作環境長什麼樣子？

➡ **價值**：在你內心裡更崇尚著什麼樣的東西？（例如：工資高、時間自由、發展前景好……等。）

　　這個看似平凡的測驗，可以為你指引方向，幫你找到適合自己、或接近自己夢想中的工作，避免花過多的時間在本身就不適合自己的工作上。

職業性向測驗
Career Aptitude Test

共有 4 個步驟，以你的技能、興趣、風格、價值來進行綜合評估。

Step 1 技能 Skills

請評估自己在以下 10 項技能的水準，勾選合適的答案。

技能／擅長水平	很低	低於平均	平均	高於平均	很高
Logic: reasoning and problem solving **邏輯思維**：能理解與處理問題					
Management: planning, proper use of time and resources **管理規劃**：能有效安排計畫、分配並善用時間等資源					
People: interaction with others, ability to train and counsel **社交技巧**：能和他人互動、自我提升與協商					
Mechanical: working with tools and equipment **操作技巧**：有辦法熟悉使用本身職務相關的工具或設備					
Communication: listening, speaking and working with others **溝通能力**：聆聽不同的聲音、有效表達與團體合作					
Judgment: making clear, decisive decisions **決策判斷**：能有效做出精準明確的決定					

Attention: focus on the problem at hand **專注度**：做任何事都能夠聚焦心思於當下的任務				
Thinking: working with new ideas and creative thinking **跨界思考**：能激盪出新點子與思路創新				
Physical: strength, agility and dexterity **外在素質**：力量、敏捷與機靈				
Sense: eyesight and hearing **感知度**：視野與洞悉程度				

Step 2 興趣 Interests

請評估自己在以下 10 項活動的喜好程度，勾選合適的答案。

興趣／喜好程度	沒興趣	低	中等	高	非常高
Art: painting, drawing and sculpture **藝術**：繪畫、雕塑等藝術創作					
Business: economics, finance and marketing **商業**：財經、金融與行銷管理					
Law: legal and criminal justice **法律**：法務與司法					
Computers: programming and information technology **電腦**：程式設計和資訊素養					
Science: math, physics and technology **科學**：數學、物理等學理					
Medical: biology and health care **醫學**：生化科技、醫療、健康照護					

興趣／喜好程度	沒興趣	低	中等	高	非常高
Culinary: food and drinks 烹飪：料理食物與調製飲品					
Construction: handmade creations 手作：親手實作、創作					
Office work: working in an office environment 內務：在辦公室環境內工作					
Outdoors: working outside of an office 外差：在辦公室以外的環境工作					

Step 3 風格 Style

請評估自己是否具備以下 16 種個人特質，勾選合適的答案

特質／多寡	無	低	中等	高	非常高
Competence of perceiving detail: able to focus on details and thoroughly accomplish tasks 察覺細節能力：能專注於細節且詳盡的完成工作任務					
Integrity: being honest and ethical 廉正：誠實且富有道德感					
Initiative: taking on responsibilities and challenges 主動：適時承擔責任和勇於接受挑戰					
Dependability: reliable, responsible, and dependable 可靠度：值得信賴且負責的					
Persistence: not giving up in the face of obstacles 堅持：面對困難也絕不輕易放棄					
Cooperation: being pleasant with others and displaying a good-natured, cooperative attitude 合作：好相處且樂意與他人合作					
Achievement: to maintain personal challenge goal and to reach the goal with endeavors 成就：保有個人的挑戰目標並不斷努力以求達標					

Adaptability: be happy to be changed whether it was positive or negative **適應力**：樂於接受無論是正向或是負面的改變					
Leadership: be willing to lead and responsible for providing opinions and orientation **領導力**：願意領導、負責並替團隊提供意見和方向					
Analytical Thinking: analyzing information and using logic to address issues and problems **分析能力**：分析資訊並以邏輯性思考去解決問題					
Independence: completing tasks with little or no supervision **獨立**：不需監督，即可獨立完成工作					
Stress Tolerance: accepting criticism and dealing calmly and effectively with high stress situations **抗壓力**：能接受批評，並能在高壓環境中冷靜且有效的處理事情					
Innovation: using creativity and alternative thinking to develop new ideas **創新**：能利用創意去激發新的觀點					
Self Control: to prevent radical behaviors from soaring emotions by self-emotional control **自我控制**：控制自我情緒，不讓情緒過於高張且避免激進行為					
Concern for Others: being sensitive to others' needs and feelings **關心他人**：能夠及時注意他人的需求與感受					
Sociability: preferring to work with others rather than alone **社交**：比起獨立作業，更偏好與他人合作					

Step 4 價值 Values
請評估以下 6 種價值在你理想職涯中的重要性，勾選合適的答案

價值／重要程度	非常 不重要	不重要	有些 重要	重要	非常 重要
Support: good management that stands behind employees **支持：**好的管理，並能在員工背後給予支持					
Work Conditions: employment security and good working conditions **工作狀況：**就業保障及優質的工作環境					
Achievement: results oriented and allows employees to use their strongest abilities, bringing them a feeling of accomplishment **成就：**結果導向，並能讓員工各司所長、獲取成就感					
Independence: employees allowed to work on their own and make discretionarily **獨立：**員工能有自由發揮、決策的空間					
Recognition: potentiality to be developed to, promoted to, or become to a leader **賞識：**發展、升遷或成為領導者的機會					
Relationships: employees could mutually cooperate and collaborate under non-competitive environment **互動關係：**員工之間能夠互助，並在一個非競爭環境下共同合作					

＊說明：這是一項沒有標準答案的測驗，但這份測驗能提供你較多角度看見自己與工作／職業的關係，你現在的能力有哪些、你喜歡哪方面的事物、你偏好哪種合作方式、工作是為了追求什麼，這些問題可以讓你認識自己。只有先認識自己才能有效的找到與自己適合的職業或領域。

What minimum salary are you looking for in a career?

你期待最低的薪資為多少？（新台幣／月）

☐不設限　☐ 20,001 ～ 30,000 元　☐ 30,001 ～ 40,000 元

☐ 40,001 ～ 50,000 元　☐ 50,001 ～ 60,000 元

☐ 60,001 ～ 70,000 元　☐ 70,001 ～ 80,000 元

☐ 80,001 ～ 90,000 元　☐ 90,001 元以上

What sort of educational requirements are you looking for in a career?

你期望的工作會需要何種程度的教育背景？

☐不設限　☐高中、高職　☐專科

☐學士學位　☐碩士或更高學位

What sort of projected job market growth are you looking for in a career?

你希望你的工作領域有何種程度的變動性？

☐不設限　☐不會改變　☐低於平均的變動程度

☐平均的變動程度　☐高於平均的變動程度

為你的賣相加分

10 種心態
成為面試贏家

要如何在面試中突顯自己其實一點都不平凡？

想要成為頂尖企業的一份子，除了自身的專業與技能以外，你還需要 10 大贏家思維來突顯自己的價值。

面試除了是看你的專業能力之外，其實都是在讓你推銷自己，那要如何讓企業覺得「就是你了！」？

許多調查研究顯示，大多數的面試常勝軍都擁有兩種特質：

膽識與思考能力。這兩種特質能夠幫助自己就算遇到一連串的困難挑戰，也能夠想辦法克服並抵達終點。

想要為自己建立良好的思維，需要的是實際經驗、擁有想法、行動力，而不是只有想像卻不實際的白日夢。很有魅力、令人敬佩的人，都是由內心的狀態反射到外表上，心理狀態足以改變行為模式，並影響你的表現、成功與否。要如何在面試時從人群中脫穎而出，並且有效展示自己其實很特別，讓面試官們注意到自己呢？以下是根據過去的經驗整理出的 10 大贏家思維。

1. 如果連我都不行，那麼還有誰可以勝任呢？

請先對自己有足夠的信心，如果連自己都不相信自己了，你要如何說服別人相信你？成就事情之前，請先相信自己可以做到，有熱情、想法是好的開始，但要成為一位贏家，除了有精準的成功計畫，相信自己可以成功也是一個很重要的關鍵。

2. 成功是長跑，不是短跑

你應該聽過龜兔賽跑的故事，最終獲得勝利的往往不是一開始就擁有天分的人，而那努力堅持，相信自己能夠做到的那個人！

如果天賦不足，也請不要認為自己辦不到，只要自己下定決心，不斷的練習，不要輕易放棄，技巧水準會隨著你的努力而有所提升。大部分面試成功、事業有成的人，都是經過長期的努力訓練，甚至是失敗過無數次，才爭取到理想中的工作或成功。

3. 經過專業且漫長的訓練之後，你還需要相信自己的直覺

影響面試成功的關鍵，其實是在面試時給面試官令人印象深刻的回答。但你要知道，面試的人不是只有你一個，面試官已經聽過數十次，甚至上百次大同小異的標準答案了。有關於專業的基本問題是必要的，但有關你個人魅力的相關問題還是要靠自己的直覺來回答，沒有標準答案。

4. 告訴面試官普通的標準答案，有說等於沒說

頂尖國際企業要徵的人才，都是萬中選一的菁英，愚蠢的人淘汰，平庸的人淘汰，無聊的人淘汰！不幸的是，臺灣面試者通常都選擇打安全牌，不敢表達自己最真的想法。但是對於目標是進入頂尖國際企業的人而言，這種害怕突顯了自己個性和人格特質的保守心態，真的是一大阻礙。

事實上，你不用害怕與眾不同，也不要害怕對方不賞識自己，也不要害怕說出你心中獨樹一格的答案。其實很多時候不是你的想法錯誤，而是你沒有足夠的證據及論點去支持你的想法。想讓

考官記得自己，不妨講一個自己內心的答案吧，再以強而有力的驗證來支持你所說的話。

5. 無論你有幾百種想法，如果不行動，就只是白日夢而已

想法終究只是想法，如果不去實踐，那你只要在睡前想想就可以了。而在面試中，你也不能單純紙上談兵，最好的方法就是提出自己的想法，並舉例說明。可以拿自己過去的實質經驗為例，來佐證你的想法，以證實你不只是知道書中知識，還可以在所做過某些事情的經驗中，產生或找到屬於自己的解決方法。

6. 做有魅力的領導者，不做盲目的追隨者

臺灣有一種現象，當某些商品或是產業很熱門，大家就會一窩蜂的搶著進入那個行業或做那件事情。一陣子全部人都在賣珍珠奶茶，一下子整條街都是蛋塔專賣店，等熱潮過後，大家也只能一起收攤。

真正的領導者不靠模仿，找出心中最想做的事。他們收集資料為成功而努力，無論是頂尖跨國企業要的人才，還是企業中帶領大家的領導人，都必須要有獨立做事情的能力，不容易受身旁環境的影響。

7. 抓緊任何一個可以挑戰自己的機會！

或許你在某個領域已經站在最頂尖的位置，但就未來趨勢而

外商、大企業求職秘笈

言，頂尖人才都不只會單一工作項目內容，成功絕對不是只擅長一件事情而已。舉例來說，不要覺得過去沒有做過的事情，自己就一定做不到，不要因為沒有做過，就否定自己。不要畏懼未知，不要害怕失敗，遇到問題時，不要因為沒經驗就說 NO。

8. 謙虛是成功的必需品

Life is like riding a bicycle, in order to keep your balance, you must keep moving -Albert Einstein.

生活，就像騎自行車，只有不斷往前，才能保持平衡——愛因斯坦。

不管你過去有多少豐功偉業，有多麼成功，請暫時忘掉。學習是無止境的，不要認為自己已經很厲害了，不願意學習的心態，不僅會讓你與貴人擦身而過，還會讓你變成名副其實的「老菜鳥」。或許在過去某個時刻你曾經是菁英，但經過時間的推移，資訊的暴增，做事方法已經悄悄的改變，你必須跟上。

可以謙虛的提出你的經驗對公司有哪些幫助，但不要太過自滿，因為老菜鳥心態，會讓你無法再次創造成功。

9. 失敗的感覺很糟，但很必要

無論是求職碰壁，還是轉職失敗，沒有成功不代表你不行，或許只是剛好不適合罷了！但是挑戰一件事情之前，為了防止失

敗，我們必須做很多的練習及準備。你可以上網尋求幫助、好好收集資料。如果你沒有做足該完成的準備工作，並下定必勝的決心，而是抱著姑且一試的態度，那在你失敗時，也無須抱怨。

10.「我」很重要，但「我們」更重要

改變從前的回答模式，試著站在公司的角度來思考並回答問題。面試時，老闆會注意你的專業、個人特質、是否適合公司。但其實最終，最重要的還是你是否可以為公司帶來利益，公司選擇你的原因是什麼？許多面試者在突顯個人價值上不懂得拿捏分寸，在推銷自己的過程中，你是否忘了身為公司的一員，不是只有「我」，而是「我們」該如何一起努力一起成功。因此，必須好好思考，如果你是這間公司的一員，把「我會做什麼」，換成「我們將會做什麼」。

📝 贏家與輸家的差別在哪裡？

Change your thoughts and you change your world.
改變心態就能改變世界

Winner 贏家

1. Are always a part of the answer 總是答案的一部分

2. Say"It might be difficult but possible." 說「可能很困難，但是有可能」

3. It eventually is the harvest 看到收穫

4. To realize it 實現它

5. There's always a plan 總是有方案

6. Say"I'm wrong" when mistakes happened 犯錯時會說「我錯了」

7. Say"I must do something" 說「我必須做點什麼」

8. Controlling circumstances 控制情況

9. Do what they fear 去做自己恐懼的事

10. Are like a thermostat 像個溫度調節器

Losers 輸家

1. Are always a part of the problem 總是問題的一部分

2. Say"it might be possible but too difficult" 說「這是可能的，但它太困難了」

3. See the pain 看到痛苦

4. Let it happen 讓它發生

5. There's always an excuse 總是有藉口

6. Say"it's not my fault" when mistake happened 犯錯時會說「這不是我的錯」

7. Say"something must be done" 說「有些事必須去做」

8. Are controlled by circumstances 被情況控制

9. Fear what they did 恐懼自己在做的事

10. Are like a thermometer 像個溫度計

11 堂課

Google 我來了！

闖過這 4 關，
成為外商公司的
一份子

「進哈佛難，進 Google 更難」要出國念好學校已經很不容易，更不用說進入大名鼎鼎的 Google，若能通過指標性的 Google 的面試，相信沒有其他公司可以難得倒你！

「我們正在尋找下一個 Noogler，他能扮演好這個角色，也有利於 Google 與其他許許多多的事。」（We're looking for our next Noogler someone who's good for the role, good for Google and good at lots of things.）（註：Noogler 是 Google 內部發明的單字，也就是 New Googler 的縮寫，Google 新員工的意思）

能進入 Google 工作，絕對是最令人稱羨的事情之一了，但「進哈佛難，進 Google 更難」，Google 的工作是全球最熱門的職缺，每年都會收到超過 200 萬份的履歷，錄取率卻低到只有常春藤名校的 1/25！如果你可以征服 Google 面試，幾乎可以吹著口哨進入任何一家外商的大門了！

★ 什麼樣的人才，Google 搶著要？ ★

在 Google，處理每一件事情的節奏都相當快，這也就意味著凡事都得錙銖必較，當然也包括他們的做事方式、行事的策略以及挑選的員工。而他們對於員工能力，也就理所當然的有相當高的要求標準，這些準則分為 4 大項目：

1. 領導力

Google 對領導力的要求，除了帶領團隊的能力，也不單只是在團隊中實際上被指派擔任「領導者」職位的人才需要。而是要

求所有的員工都具備能針對不同狀況來調整團隊方向的能力，領導力不一定是領導別人，也可能領導自己，你要如何讓自己好上加好，除此之外，如何讓身邊的人也一樣好。

2. 專業知識

Google 的人力資源高級副總拉茲洛·博克（Laszlo Bock）曾提及：「比起只鑽研某個領域的專家，我們會選擇聰明、好奇心重的人。」他們要找的不僅只是「專家」，而是熱愛挑戰高難度任務、樂於不斷的嘗試與改變，且有活力又有多元的興趣及專業才華的人。再者，你的學歷背景也不是要求的唯一項目，除了學術，他們也十分重視經驗。當然，你的應變能力也很重要。他們不喜歡腦袋裡只有標準答案的人，頭腦要夠靈活，對每件事情都可以從不同角度去思考，除此之外，人品也是一項很重要的標準。

3. 思維模式

在 Google，他們不會用成績單上的數字或是考績來評斷一個人，對 Google 而言，學術及教育都只是被虛構的環境。大部分學校的考試中，凡事都有一定的標準答案，但在 Google，所有問題都不會有明確的是與否，而他們會採用的人，也就是喜歡探討延伸、解決沒有正確答案問題的人。特別的公司，都不喜歡不特別的員工。

外商、大企業求職秘笈

4. Google 精神

你的理念是什麼？想法為何？ Google 對於 Noogler 的價值觀也有一定的重視，他們要的是真正認同 Google 企業文化、使命，並可以長期深耕於公司的人。

★ 想進 Google，先得過 4 關 ★

過去幾年來，Google 花了許多時間與心力來建構一套最有效的徵才程序。雖然讓大量的員工參與徵才過程會耗費許多成本，但事實證明，這些成本的確能讓他們不斷茁壯。他們的程序究竟為何，以下逐一說明。

Step 1. 直接到該公司的網站投遞履歷

想要找工作，第一個一定是想到 XX 人力銀行，到這一類的網站投履歷，但看來看去職缺都大同小異。要怎麼做才能夠有機會進入豪門企業呢？

像 Google 這樣大公司的職缺，在人力銀行網站上絕對不會出現，那要如何投遞履歷呢？你必須要到該公司的專屬網頁上去搜尋、投遞履歷。有專門的履歷格式，投完履歷後，你會收到系統的自動回信，通知你該公司已經收到你的應徵資料了，接下來就等公司的通知。該公司的人資部會開始進行第一步的資料篩選，

書面合格者會接到該公司的通知，知會下一次的訪談或面試時間。

Step 2. 人資電話訪談

企業的應徵者來自各個國家，在面試前，會以電話訪談，初步了解你的基本背景資料、能力、職業規劃，反應能力與口條，經過人資初步審查後，會把求職者的資料轉給開出職缺的部門做正式面試。

Step 3. 面試

經過前面兩道競爭關卡的篩選後，終於能進入正式的面試了！這時面試你的人，除了會有開出職缺的部門主管之外，還會有將與該職位合作的其他相關部門人員一起參與。因為該公司的員工不只是做自己的工作而已，還會與不同團隊合作、參與許多不同專案，因此團隊合作能力非常重要。相同的，在應徵面試者時，也是團隊討論後並決定出來的。在面試中，會歸納許多不同團隊、其他部門的人員、共事的同事，除了可以保持意見的多元性，也是為了要測試你是否能夠融入公司的大團體中。

你是否被錄取，不會因為一位面試官的否決而決定，而是大家一起討論出來的！

Step 4. 總部確認

Google 的每一個員工都要經由總部的 Google hiring committee 來做最後的審核和確認，不管你將來是在哪個據點上班，在 Google 面試裡面，並不是由面試官的位階高低來決定誰可以做最後人選的決策，而是由每一位面試官撰寫書面報告，闡述自己對面試申請者的想法，再將所有報告送回總部，由總部負責人員以客觀的立場，選出最理想的人選。

這樣的徵才程序，雖然複雜繁瑣，但是公平無偏頗。不會有僥倖的情況出現，藉此能夠選出真正適合，優質的人才。

Google 相信，如果能夠藉由許多很棒的員工，去與更多的人交流，就能夠產生很棒的火花。優秀的員工們可以看到那些優秀的面試者，如此不但能夠徵得很棒的人才，更能讓那些原本就很優秀的員工變得更好。

進入外商
與大企業 3

英語面試

面試時間短暫，要如何在如此短暫的時間裡，表現出自己的
與眾不同？成功取得那通往窄門的門票？

寫在課堂之前

　　在西方人眼裡，臺灣人看來都有一個毛病——不管有多少年的職場歷練，總要開口講自己的缺點。東方人喜歡內斂，而西方人認為適度張揚才算有自信，面對這點，許多學員也疑惑：做人到底需不需要謙虛？謙虛好不好？謙虛當然是種美德，但在弱肉強食的競爭中，面試時最好適當表現自己，因為時代紅利的規則是：必須伸長手，才摘得到果子。

　　以下是兩位以熙學員同時競標一個案子的故事。

　　他們分別是兩家實力相當的技術公司老闆，同時參加一場產品講座的研討會，他們都想辦法在當時的國際場合接到更多生意。會議上，兩人同時發現演講者的產品存在一些瑕疵。其中一個學員心想：我的產品比他好，我應該要誠實挑戰他技術性的問題，

　　　　　　　　　　　　　外商、大企業求職秘笈

證明臺灣技術是有相當實力的，這樣聽眾還會注意到我的技術底蘊，也藉此機會為自己的公司打廣告，讓更多的人知道自己的品牌。而另一位學員想的不一樣，雖然他也看得出不足，但他不好意思不給對方面子，也不願意眾目睽睽之下有禮貌的指出對方的問題。

最後的結果，可想而知。

敢在國際場合，在眾人面前自信表達的人，自然獲得了更多的關注和利潤。而那個什麼也不說的學員，就算能力相差無幾，很可惜的，並沒有在當天的研討會上累積人脈。

這是國際化時代的規則，永遠都是站的最高，手伸最長的人最先受益。而不管什麼場合都追求謙虛、不好意思的人，就算空有一身抱負，才華都悶在了肚子裡，價值難以被人看見。

擁有國際化溝通能力的人不是要在謙虛或是追求表現之間選邊站，而是在不同的場合都可以拿捏分寸並適度表現。

該謙遜還是該表現？

東西職場
大不同

在國際舞台上，臺灣人並不遜色，但遇到文化不同的企業或面試官時，有許多沒有經歷過也沒有聽說過的規則，要如何表現自己，才能讓自己更容易被看見呢？

求職時，書面資料很重要，但應徵者的關鍵還是面試。而面試又分成很多種形式，包含電話、視訊面試……等。很多時候面試不只有一次，可能第一次是電話面試，第二次是視訊面試，最終面試才會請應徵者到公司現場再做一次面對面的面試。一場面試不僅僅是讓所有應徵者在面試時展現個人特質跟專業的舞台，也可以同時讓他們感受公司的氛圍、同事相處氣氛、公司運作模式。在這個過程中，不只是公司在選人，求職者也在觀察公司。而最常見的面試都會要求有兩次面試，為什麼不要一次就定生死，卻要兩次面試呢？因為公司貼出招募資訊往往都會吸引大批的應徵者，第一回合面試能協助企業在大量人選中選出與自己公司較投緣的應徵者；第二回合面試則是公司傾向挖掘人才，並會更深入的了解應徵者的專業。應徵者最好自己攜帶履歷表跟求職信，趁著面試開始前，多多進行沙盤推演，針對求職內容自問自答。

★ 當東方遇上西方 ★

　　在正式的面試中，你可以適時的表現出自信，及自己過往的經驗。但最忌諱在表達時用詞不正確或過度誇張，急於表現自己的能力，有時會產生反效果。若想進入國際企業工作，國際商務面談禮儀是不可或缺的。無論是外語能力、國際中的企業資訊，

都可能會在面試中出現。

其實臺灣人的專業、技術、能力在國際舞台上都不輸人，但多數人缺少的是能夠平等溝通的國際語言能力，以及在國際上的國際思維與自信！不要因為臺灣很小，就認為自己辦不到，我們要拿出自信！根據科技、資訊業的發達，各國距離已經不是問題，但要想要跨出去，最基本該有的技能應該事先準備好。現在就算有時差、季節不一樣，都已經不妨礙我們進行各國之間的交流，在這之中，文化之間的隔閡、價值觀的不同，我們都可以事先了解，以國際思維去思考且接受，國際思維也將拉近各國之間的距離。東方與西方文化大不同，不同的地方有很多，不只是生活習慣或者思考方式，在表達思維上也有著很大的不同。

東方文化在文學裡，講求起、承、轉、合的文字編排方式，好讓讀者有循序漸進方式進到故事情節裡，並能從中體會到許多精巧的小細節。整體的時間與內容會相對冗長，常注重於情感故事的情節發展，對於意見或論述表達內容，往往不容易讓人馬上理解所要表達的重點。

西方文化在表達上則會直接表明明確的目的與重點訴求，以西方的宣傳短片為例：在內容重點的部分，東方文化可能會使用鋪陳、轉折與最後結論的故事方式去獲得讀者的青睞。西方文化

外商、大企業求職秘笈

則是會把內容重點精華濃縮呈現，用最精彩最具重點的片段吸引觀眾的目光，在引起觀眾的高度興趣後，誘發觀眾想要更近一步了解的動機。當你想要面試或工作於西方文化時，切記要直接說明目的、直接表達需求、為何而做、如何去做，最後才陳述自己到底做了什麼。而不是只陳述了自己做了什麼、如何去做，卻忘了觀眾真正想要明白的重點，以及這件事情真正的意義。

　　無論現在的你是專業人員，抑或是剛畢業的新鮮人，想在跨文化職場上占有一席之地，不再只是有了語言技能，就會有優勢，而是弄清楚不同文化之間的差異，才是你開始的第一步。一般而言，在自己的國家裡，因為使用的是母語，語言上沒有障礙，在面試時可以侃侃而談，並充分表達出自己真實的想法，職場上的競爭也只是能力上的挑戰，與你的語言無關；但是如果是在國外面試時，不只是你本身的專業是否能運用異國語言，也包括你在面試時是否可以充分表達自己的想法？你如何使用外語表達自己現在的情緒？通常被問到問題時，如果沒有事前的多次練習、反覆演練，很容易腦中一片空白，無法發揮原本應有的能力。

★ 謙遜等待伯樂，不如主動出擊 ★

東方人因為文化的不同，從小養成了謙虛的美德，也導致自

己無法有信心的毛遂自薦，更養成了多做少說的習慣。因為這樣，如果到了異國工作，職場充滿了各國人才，而大家又都擁有與生俱來的自信心，這時候，東方人會因為從小養成的美德，而錯失了很多應該自己爭取的機會。因為在別人發現你有能力之前，有自信的人會說：「我雖然沒有這項專業，但我認為我可以勝任。」這樣的舉動會讓人覺得他們比較積極，東方人卻還在韜韜內含光，因而錯失了本來可能可以得到的機會。

西方社會是一個表現的社會，在學校，你不舉手發表，沒有人知道你懂，在東方社會的學校裡，卻是不懂的人舉手。或許你認為自己是在默默磨練精進自己的技能，等待著機會哪天可以發揚光大，但你不能永遠只等待著有位英明的主管，眼光非常好的看到自己是個績優股。或許你會很幸運的遇到眼光好又願意提拔自己的「伯樂」，但是，當年跟你一同打拼的同儕，卻早已扶搖直上青天了。

當東方的你和西方的同事，剛好有同一個機會可以發揮的情況下，東方的你或許會說「這個我應該會，應該可以做好」；擁有自信又善於表現的西方同事可能會說「交給我來辦，請放心」。就算他在專業上可能不比你，但因為他的主動出擊及自信破表，老闆可能會把這個機會讓給你的西方同事。

外商、大企業求職秘笈

面試時，會被錄取的可能不是拿滿分、最優秀的人，就算你擁有 100 分，但你卻很有可能會輸給那只有 80 分的競爭者。因為你的表現讓面試官認為你只有 80 分，而競爭者表現出 120 分的自信，無論自己是否擁有 100 分，請在自己心裡先肯定自己，只有在你非常認同自己之後，才有辦法散發出讓別人也認同自己的自信心！事實上，無論是東方的表現謙虛，或是西方的表現自信，都沒有對與錯。只是文化、價值觀、與從小在教育上的方式不同，在不同環境中，產生了不同的結果。

　　因此，必須事先了解自己的習慣，學習其他國家的優勢，進而補足那自己所不足的能力。你心態上的調整將會決定你站在國際舞台上的高度。

東西方職場的十個文化差異
—— 明天我們「或許」應該開會，——
「可能可以」再討論一下

儘管全球化趨勢持續，各國地理的界線正逐漸被打破，但當在國際職場上，「東方人」遇上「西方人」時，彼此的文化脈絡仍有許多不同之處——無論是談判也好、管理也好，若未充分了解對方的職場文化，溝通成本便會相對提高，甚至因此出現不必要的意見分歧。

不同的文化思想，會衍伸到對工作甚至職涯上，形成不同的期待和運作模式。不過這並不意味著「東方」或「西方」誰比較優越，多數情況下，只是價值觀的不同而已，各有利弊。

只要隨時讓自己保有彈性，在適當的時機，做適時的調整，並且充分與對方溝通及維持基本尊重，相信在工作上，與跨國團隊共事，絕對會多出許多的樂趣。

舉一個小例子：前陣子我們在舉辦顧問交流聚會時，請每位顧問先上台作自我介紹。當歐美顧問上台時，講到自己的故事往往是侃侃而談，欲罷不能；當輪到亞洲顧問上台分享時，卻顯得比較害羞、靦腆，並且體貼的擔心占用大家太多時間，重點講完，

就趕緊將麥克風遞給下一位。

以下就透過我們的一位學員 David，從他分別在中國北京新創公司與加拿大多倫多企業工作經驗中，觀察到的十大「東西方職場文化差異」：

一、時間不等人，立即啟動備戰狀態

David 剛開始在北京工作時，曾經有段時間就坐在辦公桌前自己找事情做。當開口詢問時，主管卻給了他「小而無挑戰性」的工作——原因是他們希望給新人一點時間先熟悉辦公室環境，所以不給太多的任務。

而在多倫多，第一天上班的 David，早上才剛結束辦公室的參觀、與同事相互認識的程序，緊接著就被主管交代了許多任務，而 David 也很快的學習到，該如何處理工作上的優先順序。

二、不分位階，通通是好同事

David 在北京工作時，發現在他所處的公司中，上級對下級的姿態比較少。工作環境是相當寬敞的，一眼望去，就能環視整個辦公空間。老闆的辦公室雖然是獨立的，但所有人都歡迎進入，而老闆也會時常經過他的辦公桌和他談天；安排會議也相當自由，基層員工可以自由的依需要安排和高層開會。

雖然說多倫多的公司也有相當扁平式的工作環境，但和北京

相較而言，David 發現當他要和主管開會時，會時常遇到難處；相比之下，多倫多的工作環境反而是相對垂直的。

這回聽到的「公司文化」與一般人對兩地認知的差別非常大，所以他也特別補充說明：事實上，「職場文化」和公司規模、所處產業都有關係，一般來說，加拿大的外商在組織上仍然偏向扁平，只是以這兩個案例相較來說，多倫多稍微偏權威一些。但從這個案例比較中也可看出，北京由於近年成為所謂「互聯網創業」的中心，在組織文化和辦公環境上，有許多的新創企業，正快速向歐美相對扁平、開放的辦公室文化看齊。

此外，其實這也點出了所謂的「東西方職場文化差異」，如今越來越是一個「相對」而非「絕對」的概念，在各國的新創企業中尤然。

三、敢作敢當，有話直說

或許是由於亞洲人比較「顧面子」的關係，David 在北京工作一段時間後，竟然從來沒有從上級主管收到負面的批評或指教，反而是與同事聊天中，才得知主管對其部分表現的不滿。職場上，正、負面回饋其實是同樣重要的，但北京的主管或許是「體貼」，為了顧及他的「面子」，時常間接透過同事間私底暗示、提起。

而在多倫多，當 David 第一次送出他的報告時，他把所有搜

集到的數據，按照自己的方式來撰寫報告，卻忽略了他原本應該遵守的格式。送出的當下，主管馬上「很不給面子」的批評並退回，讓他知道應該遵守公司制定的格式。雖然說這只是個小小的負面回饋，但卻非常即時的讓他知道哪裡可以調整，繼續在對的方向上，將任務完成。

四、該給你的自由，就讓你盡情揮灑

David 分享到，自己在北京的公司中，只有兩台電腦是有網路權限的——而這兩台都是經過監視審查的，並且所有的社交網站一律禁止登入。公司的理由是：為了不讓員工因為社交網站而分心。

在多倫多，跟北京的職場文化非常不同——員工反而是被鼓勵多花點時間在網路上的，尤其特別是「社交網站」。公司甚至還設計了有關社交網站的「員工教育訓練」。

雖然說「上班逛社群網站」一開始讓他很不習慣，但透過適當的方式，反而可以即時了解不少商業上的熱門議題，同事間也能從彼此互動過程中，激發創意。

五、團隊合作、互相幫助

在多倫多，David 常提出很多對報告的建議或修改方式。如果說，同事在文件上需要他的協助，他就會提供額外的資訊或文

件，寫上可以修正的一些細節。過一段時間後，同事會在協作報告上，給他權限去直接增加或修改未完整的文件內容。在這樣的工作氛圍下，彼此信任、互助合作，頗能提升團隊的向心力。

在北京，當 David 被要求去協助一份未完成的報告時。他一樣會多準備一份文件，給負責這份報告的同事當作參考——但到了最後的提案中，成員名單中並沒有出現他。在這邊，「權責分配」相當分明，即使同事有協助一部分，功勞最終還是歸給同一位主管、負責人。

六、發揮長才的接力賽

David 在北京工作時，一份企畫中並不會特別標示出負責的人員，因為所有的人都有盡一份心力，創造出最後的結果。David 最後會將英語的企畫收尾，提供給客戶；因為與其他同事相對而言，David 的英文是相對強項，同事們會放心的交給他，讓他發揮他的專長。

反而在多倫多工作時，一份企畫中，則很少會看到團隊一起合力負責完成一份企畫案；即便 David 會提供一些研究整理的結果，但他們只會當作教練給的方向與指引，就如護理師只會在醫師身後協助開刀，而不會在身旁全程參與手術細部過程。

七、工作就是樂在其中

北京辦公室的工作風氣是讓員工在上班時間，必須非常專注在完成任務上，所以氛圍比較嚴肅一些。講到社交的部分，則是盡量安排在非上班時間。

在多倫多，雖然說同事們對於工作一樣相當嚴謹，但平時的同事相處相對輕鬆，如果需要討論正式的工作內容時，他們會透過會議的方式來執行。在平常的工作環境中，氛圍比較沒有那麼嚴肅，也多了腦袋充電的機會——偶爾講講笑話，放鬆一下心情，再繼續奮戰。

八、說到做到，如期舉行

在北京，當同事說「明天我們可以在會議上討論這些」時，其實背後的語意往往應該解讀成：「『或許』我們明天（或其他日子）『可能可以』召開一個會議討論這些。」——事實上，明天到底開不開會，討不討論此議題，仍是個不定數。

他觀察，也許是因為文化的關係，亞洲人通常「腦袋想的」和「實際說出來」的意思，會有出入——例如說話者只是因為當下不想否定別人或拒絕他人而先「表面答應」。但是到最後，雙方都有默契，彼此還是保有「反悔的彈性空間」。

反觀在多倫多，如果是同一句話「明天我們可以在會議上討論這些」時，往往當他回到座位上時，就立刻會收到一封會議邀

請，而這時就應該要馬上安排好自己的時間——當主管或同事「提到明天會有一場會議」時，這場會議絕對是會如期舉行的。

九、「有關係就沒關係」

David 在北京參與過一場會議，當中客戶表示希望能與不同公司有合作的機會。David 的老闆於是特別抽出一小時的時間參與這場會議，並且還介紹很多公司給這位客戶。當會議結束後，老闆表示，希望對方有一天能夠和他介紹過的公司成功做到生意。他說中國人非常講究關係，並且相對熱衷於人脈的串連，能夠幫得上忙，就會幫——因為哪天你需要時，別人也會從旁協助你。

反觀在加拿大，西方人在商場關係上比較務實——如果對本公司沒有直接的利害關係，直接協助他人做生意上的對接，是相對很難發生的。

十、引薦之後，各憑本事

承接上面所述，在中國，「關係」是非常重要的；當你想要完成一件事時，常常必須「透過關係」，知道哪個地點、人物可以幫助你順利完成，一步步向前進攻。

而在多倫多的商場裡，「關係」依然是個關鍵的要素。但相對來說，較沒有「一路相挺」這回事——商場上大家有個默契，這「關係」頂多可以引領你到機會面前，但後續的發展就得憑實

力，各憑本事了。

　　以上為學員 David 在海外工作的經驗分享，以及他所觀察到的不同職場文化面向。不過這當然不能完全代表「中國（北京）」與「加拿大（多倫多）」的工作樣態，不同公司，不同產業，不同發展階段，當然會有不同的公司文化存在。但此分享，相信也或多或少點出了多數「西方式管理」和「東方式管理」的差異。

　　與自己背景文化完全不同的人一起工作，可以是很大的挑戰與負擔，也可以很有趣——想要游刃有餘悠遊期間，你必須得學會站在對方的角度思考，也同時必須適時調整自己的心態。

　　事實上，沒有一個工作不辛苦，不同的工作環境與職場文化，也各有其挑戰。若身處於跨文化的工作環境，更需要多點耐心與包容，才能成就一個多元思考的執行團隊。

★ 東西相遇，直走還是轉彎？ ★

　　華裔設計師劉揚於 2007 年出版了《東西相遇》（East Meets West）一書，引起廣大迴響。她用簡潔的圖像表達了西方與東方兩個社會的不同，藍色代表德國，紅色代表中國，兩者間的文化差異令人莞爾。

意見表達直來直往 vs. 迂迴轉進

西方人：你若有什麼意見你可以直接提出來，如果有不妥的地方我希望你可以馬上告訴我。

東方人：害怕對方不接受自己的發言，乾脆不說明白，習慣拐彎抹角的表達及暗示，不會直接說明自己的想法。

老闆平等 vs. 我最大

西方人：雖然我是公司領導人，但我與員工的地位相同，在會議中你可以盡情表達自己的看法與意見，對於自己的報酬也可以與我商量並調整。

東方人：我是這間公司的老闆，我的意見最大且最有效，你們都應該聽我的指揮而行動，你們的薪資考核我會再做考量。

解決問題方式立刻面對 vs. 明天再說

西方人：這期的業績怎麼那麼差？那我得來分析為何這期業績差？是有什麼原因造成的？還是我的推銷方法得改變？

東方人：這期的業績怎麼那麼差？我也不知道，下期再看看吧！

✏️ 東西方面試的不同Q＆A

由於文化上的差異，想法、做法或反應都有可能會有很大不同，東西方的面試官會要求與在意的點也會不同，身為國際人的你，應該了解其中的差異，並能適時的表現出自己最好的一面。

Q1. 東西方面試官問問題的差異？

東方：當被問問題時才回答／不隨便發言，避免太多的閒聊。

西方：面試時習慣跟面試者閒聊，從以前發生過的事、與兄弟姐妹的相處關係、喜歡去哪裡旅遊等等，都可能出現在面試中。

Q2. 東西方面試官對應試者人格特質的期待？

東方：謙遜 modesty ＋ 尊重禮讓 respect

西方：自信 self-confidence ＋ 企圖心 ambition

Q3. 東西方求職者的差異？

東方：保守

因為歷史中曾經發生無數次，因自滿、過於驕傲而帶來巨大的毀滅，前人的經驗，讓我們以此為戒，由於不能太自滿，東方人會對自己所具備的條件打折扣，不敢勇敢的把自己表現出來，因此，導致遇到問題時，會懷疑自己「是否做得到」，在尚未開始之前就開始擔心「如果做不到」該怎麼辦。因為這樣的思考模式，讓我們錯失了很多有可能成功或學習新東西的機會。

西方：時時充滿自信心

從小就知道自己所擅長與不擅長的事物，了解自己所愛，對於熱愛事物的追根究底，不會因為自己不足的地方而有所停滯，如果遇到困難或挫折，始終相信自己可以跨越及做到更好，並且可以大聲並有自信的說：我做得到！

13堂課

如何準備面試？

7 項武器，
打贏面試硬仗

面試好比是一個戰場，你與其他競爭者要分出個高下。你若不準備，就像上了戰場卻不帶武器，這不是送死嗎？請先在上戰場前，好好的把武器準備好。

面試，總讓求職者覺得害怕，因為不安、不知道自己是否可以，你害怕的不是面試這個詞，而是害怕自己的不足被考官看到。

有「禮貌」比有才能來得重要！面試結束後，無論面試中是否順利，又或者是場很糟的經驗，當你準備離開時，別忘了要有禮貌的與面試主管們道謝。無論是否被錄取，你都有可能因為這場經驗而學到了一點東西；不要小看這個舉動，這都很有可能是你通往下一階段的一把鑰匙。

在面試前，完成以下清單上的工作，或許可以為你面試時的表現大大加分。

1. Analyze the Job 分析

準備面試時，你得先了解要應徵哪個職位。千萬不要同一間公司的每個職位都投，更不要被問你想應徵什麼樣的職位時，回答都可以。分析職缺是非常重要的環節，包含了職缺的工作內容、工作要求、必備技能等。無論是你多麼熟悉的職位，都請再一次的去公司的網站裡好好查詢及分析一番，除了可以幫自己釐清自己是否適合之外，也可以為自己準備面試帶來自信。

2. Make a Match 對照

在詳細的分析之後，你會清楚知道，這個職缺要的是什麼，而了解到職缺的需求後，把你的專業、經驗和證照等優勢與公司

配對，便可以開始準備其中相關的問題。可能是專業上的問題，也可能是對職位未來的規劃。如此一來，當你在面試的時候，會因為這項準備工作，讓自己的回答不但能精準的回答問題，還可以更有利的佐證自己的回答。除此之外，也可以準備一些相關經驗做舉例，絕對是大大加分的。

3. Research the Company 了解公司

在面試前，了解公司大大小小的背景資料調查是必備且相當關鍵的一個環節。從公司線上的產品、背景、文化到工作氛圍，對公司的了解夠深，在面試時相對可以比較不緊張，也能針對你可以在這間公司做出什麼樣的貢獻來做說明，你了解的愈完整，面試的成功率就愈高。你也可以在了解公司的過程中，間接了解自己是否適合這間公司，無論是他的經營理念與自己的未來發展是否有所關聯，或是公司的氛圍是否是自己所盼望的。面試前的調查，也是在幫助自己對於未來公司的挑選。

4. Practice Interviewing 模擬面試

在開始做任何事情前，先學會在腦中想像演練。有個著名的田徑選手曾說過，他的成功祕密武器就是「假想」。除了賽前的準備、訓練之外，在每一次的比賽前，想像跑道的長度、彎度、及材質，比賽時的喧鬧聲與賽道旁的青草香，甚至到可能遇到的

對手、比賽當天的天氣……等。一樣的，面試前的所有想像，都有助於你遇到問題及狀況時，知道如何應對，事先練習你的回答及應對進退。

自己的想像總是有限制，你可以邀請家人或朋友幫你來一場模擬面試，可以請他們出題，並讓自己練習隨機應變。如此一來，你不但可以獲得自己尚未想過但可能會出現的新問題，也可以因為這個新問題，找一個新的應對的回答。在練習中，不斷修正、優化，讓回答不再那麼粗糙且漏洞百出，也可以去熟悉各種可能發生的場景，減少正式上場時的不安與緊張感。

5. Get Directions 路線規畫

當你已經為面試準備了許多，當天最重要的是要安全並於時間內抵達現場。「遲到」絕對是最糟糕的狀況，就算是遇到了意外，都不能當作自己錯失面試機會的藉口。因此除了提早出門外，為了避免因迷路、或找錯路而遲到的情況發生，請在前一天先研究並決定當天面試時的行車或搭車路線，並準備好 2 到 3 個可以代替的交通方案。

另外，如果你決定開車前往的話，別忘記也要事先查好停車的資訊，以確保萬無一失，不要讓自己的機會，喪失在這種微小的失誤中。

6. Get Your Interview Clothes Ready 服裝儀容

第一印象可以決定你是否適合這家公司。第一眼其實是很重要的，而雇主對你第一眼的印象通常來自於你的服裝儀容。面試時的服裝需要配合你面試的公司文化、形象和職位性質來因地制宜，例如，當你面試較需要專業形象的職業職缺時（如律師），那你就得穿得嚴謹且正式。但若你面試的是一家風格活潑的餐廳時，太正式的服裝也會讓你格格不入。但無論如何，都要讓你自己看起來乾淨、整齊，有關面試的服裝禮儀，在後面的篇幅中會做詳細的解析。

7. What to Bring to a Job Interview 該帶什麼

面試時，為了防止資料不齊全，請務必記得多帶上幾份個人簡歷、工作成果證明或其他專業資格證明等文件，不但可以更突顯你的專業形象，也能為你的細心與周到加分。面試時，也請將手機關至靜音或關機，避免影響面試時的談話，否則是很不禮貌的。另外，也要避免帶飲料、咀嚼口香糖、帶著耳機等任何與面試不相干的事物。還需要特別注意，在等待時，請不要滑手機、聽音樂、玩遊戲⋯⋯等，這可能只是一個小小的舉動，但這些行為很可能會造成觀感不佳。務必注意，以表示你對這份工作的尊重態度。

📝 面試準備 Check List

面試不準備，就像上戰場不帶槍。踏上征途之前，請先用以下 Check List 檢視自己是否武裝完成。

★ Analyzing the job position
   分析職位描述

★ Understanding the histories of company
   了解公司的過去

★ Understanding the status quo of company
   了解公司的現在

★ The 10 most common interview questions and their possible answers
   10 個最常見的面試問題＋如何回答

★ To what extent of question to ask for ending the interview
   用什麼問題結束面試

★ To what amount of question to ask for closing the interview
   用多少個問題結束面試

★ What are the common points (commonalities) within good interviews
   好的面試回答有何共同點

★ Picking out an appropriate interview outfit
   挑選合適的面試裝備

★ What to bring during the interview
   面試時該帶什麼？

★ Basic interview etiquette
   基本面試禮儀

★ Tactics to help calm your nerves
   平息緊張情緒

14堂課

面試基本功這樣做

「10 要 7 不」
讓你不卡關

面試之前，事先了解訣竅很重要，照著面試 SOP 過關斬將，立刻升級職場搶手貨。

外商、大企業求職秘笈

面試中，面試官無法徹底的了解你有多麼專業，也無法猜透求職者是什麼樣的性格。在短短數分鐘，長至幾十分鐘內，你需要表現出自己比其他人優秀、自己有多麼與眾不同、非我莫屬的魅力。

　　所以面試時，你本身的才能、技術可能都是其次。面試有最基本該注意的事項及該有的態度，如果連最基本的都不具備，就不要抱怨說面試官有多麼的不看好自己。這也可能會是一眼就被「Pass」掉的不良表現。請事先做好準備，你的面試成功率就可以提高，請不要讓最低級的錯誤，害自己輕易的錯失機會。請跟著以下的 Do's 與 Don'ts 來準備與進行：

面試技巧九宮格

Preparation 準備 To study the information of nature of work, industry, and employer, and as well as prepare the answers of possible questions. 認真研究工作性質、產業和雇主。準備可能問題的答案。		**Ingenious dressing 穿得巧妙！** Shows your interest in the job and commitment. 展現你對工作的興趣和承諾。
Body Language 肢體語言 Smile, make eye contact, and shake hands. 微笑、眼神接觸、握手。	**Lessons of CV (resume) or application form 關於你的履歷或申請表** Make sure rereading all the materials beforehand 確認你事先都仔細看了一遍！	**Have questions to ask 問問題** To what extent of training I would be provided for? What typical career path of this job would be? 我將接受什麼樣的培訓？這項工作的典型職涯道路是什麼？
Sell your USPs (Unique Selling Points) 推銷你的獨特賣點？ Make you stand out from other candidates through your techniques and attributes. 讓你的技能和定位從其他候選人中脫穎而出。	**Hypothetical Questions 假設性問題** How would you deal with an irritated customer? Or a staff who was accused of theft？ 你將如何應對一個憤怒的顧客？或是一名員工被抓到偷竊？	**Competence issue 能力問題** Describe your works in a team and prove your leadership with cases. 描述你在團隊工作的情況。提出例子佐證你的領導能力。

外商、大企業求職秘笈

Do's 面試時你該做的事

要如何在一場數十人,甚至數百人的面試中脫穎而出?要怎麼要讓考官看見自己的獨特?以下是你該注意的事項。

★ No do-overs in first impressions 第一印象的重要 ★

第一印象如果不好,你可能做得再多、再優秀,都無法得到青睞。第一印象很重要,在一場面試中,你的第一印象是你準備的關鍵,如何讓自己看起來專業?如何讓自己擁有可以被信賴的魅力?利用 30 秒的時間發光發熱,讓面試官對你留下深刻印象,那就是成功的第一步了。

面試時,遵守不遲到的原則之外,10 ～ 15 分鐘前抵達就好,有時間沈澱一下心情,並可以利用時間觀察環境,讓自己不要那麼緊張。進面試公司前,試著保持微笑與活力,同時將手機關閉,切記!不要低頭玩手機、更不要邊聽音樂邊進入該公司。進入面試公司之後,親切的向櫃檯人員詢問面試地點,當面試帶場人員來迎接你時,也請記得起身握手致意,從進入面試公司開始,每一刻都得保持戰戰兢兢。

在等待面試的過程中,可能很煎熬,你可能緊張得想吐,也

可能突然腦子一片空白，請注意呼吸，保持冷靜，在等待時，切記！不要玩手機，集中精神等待。當輪到你時，帶著正面能量與熱血去面試吧！保持微笑、眼神交流、保持冷靜，當與面試官握手時，肩膀與他們持平同高、坐姿端莊。千萬不要因為緊張而讓自己恍神，專心聆聽面試官的問題，在回答問題時，不要吞吞吐吐，請有信心的說出自己的見解，如果面試官的問題第一次沒有聽懂，請有禮貌的確認第二次是否是自己所理解的問題。

你可能會遇到從來沒有聽過的問題，如果真的不懂，你可以直接向考官表示不懂，並述說你在有不懂問題時你會如何解決。

★ Practice interview etiquette 禮儀 ★

在你抵達面試地點，進入面試公司的那一刻起，對所有人保持禮貌及面帶微笑，並對接待人員表明來意，以便做出後續安排。進到面試的房間，應主動向面試官打招呼，即使你心裡是十二萬分的緊張，也要讓你自己看起來泰然自若。

在面試時，任何細微的動作，都能表現出你的專業與自信，也往往因為你沒有注意到的小細節，而影響了你整體的表現。例如，坐著時整個人躺靠在椅背上、抖腳、托腮都是大忌。就算緊張不知道該說什麼，也不要害怕或閃避眼神的交流，談話時要與

面試官有適量的目光接觸，並適時點頭做出回應。更重要的是，除了回答得好，也要能專心聽，切勿在面試官說話時隨意插嘴。

面試有可能不只是一對一面試，若在一對多面試的情況下，仔細聆聽其他面試者的內容也是必須的，也切記不要隨意插嘴。

★ Listen and ask questions 聆聽並提問 ★

在面試時，聆聽和回答問題是同等的重要，不要認為自己回答完問題，其他就不重要了。如果不注意聽面試官和你說了什麼，則不可能精確的回答出他想聽的答案；在面試官與其他面試者談話時，你的聆聽也能反映出你的專業度。

在面試的整個面談中，全神貫注的聽其他人說話，並留心於任何可能的弦外之音，適時的點頭附和，不但可以顯現出你的專注力，也能讓面試官對你有一個好的第一印象。

幾乎所有的面試結尾都會反問：最後，你有什麼問題想要問的嗎？基本上面試官不會主動詢問你哪一個細節你不懂，當最後這個問題出現時，這絕對不只是提供給你提問的機會，不論是你對公司其他的疑問，或你對職務上的熱忱傳達，你所問的問題都可能能夠判斷你下了多少功夫、人格特質為何，把握最後一個問題，說不定還可以反敗為勝！

另外，在你發表或是回答問題時，要多留意面試官給的回應，像是出現困惑的表情時，你可能需要再換一種方式重述一次。交叉的雙臂可能代表不認同、音調的提高或許是感興趣，而點頭則是認同，但千萬不要因為面試官的表情或舉動，就讓你瞬間對自己沒有信心。

★ Brush up on body language 善用肢體語言 ★

　　面試時除了你的回答內容，你的手勢、姿態、表情，都有可能影響面試的成績。從你進面試公司的那一刻起，你就必須注意自己的動作。面試時或等待面試時，面試官會觀察你的姿態與坐姿，例如：坐著時，你可能攤靠在椅背上、翹腳、坐姿不正……等，都有可能被冠上態度不佳的名號；如果你的手從頭到尾都攤在雙腿上，則突顯了自己自信心不足；而一直撥捻頭髮、摳手指，則會向面試官暴露你的緊張、經驗與事前準備不足。這些行為可能是你習以為常的動作，但在面試時，卻會間接影響你面試成功與否的關鍵之一。

　　再者，每當有人進來面試間時，務必站起來表示你對他的恭維與敬重。這可以被判定為專業的態度，否則，一直坐著會讓人覺得你經驗不足、沒有禮貌、甚至被認為不知道規矩。這些都可

　　　　　　　　　　　　外商、大企業求職秘笈

以在面試之前事先演練，經過一連串的收集資料、想像、排練之後，相信你在正式面試時，不會因為突發狀況，而臨時亂了陣腳。

此外，你或許會緊張得腦子一片空白，連手要放哪都不知如何是好，每一個動作都覺得格格不入。提醒你，雙手應自然放鬆的放在椅子手把或桌子上，並調整呼吸，讓自己冷靜下來。

與面試官對談時，請適時調整自己肩膀對齊面試官的肩膀，並面帶微笑。在面試前，尋找可以幫助自己控制緊張情緒的方法，可能是呼吸調節法、可能是手拿鉛筆……等方法。

★ Mastering the art of meet and greet 有禮行天下 ★

你打招呼的方式透露了你的自信心、態度、處事等等。握手是常見的招呼方式，但是它也有很深的學問。握手時，手與手臂盡量與地板平行，取好兩個人面對面的間距（通常，北美人士以 2 呎的距離剛好，與亞洲人則更長，拉丁美洲、中東人則可以再近一點），手與對方的虎口互碰得宜，然後自然擺動 3～4 次。另一隻手別插口袋，握手的時候可以雙手並握，或是另一手拍著對方的肩膀以示誠懇；最後，別太苛責自己握得好不好，畢竟熟能生巧、自然就好。

握手時，保持微笑、眼神交流、說出自己的全名；如果跟對

方是初次見面的話，試著在握手時，語帶誠懇的道出對方的名字
（如 XXX 先生／小姐，你好，很高興認識你！）。面對來自不同
地方的人，也要先了解他們的文化風俗、國土民情等，因為有些
時候、某些地方，會有握手並同時伴隨著擁抱或親吻等習慣，所
以自己得先做好功課，才不會到時造成尷尬與冒犯的局面。

★ Smile 微笑 ★

微笑是世界上最棒的語言，無論是你聽不懂時，或是你不知
道該如何是好時，微笑！微笑就對了！

緊張是必然的，但不要因為緊張而表現的太僵硬，造成在重
要時刻無法如常發揮，並讓自己看起來很不專業。微笑可以替你
傳達你的自信、友善、和藹可親、主動。即便你無法笑得那麼自
然，假笑也沒有關係，微笑意味著你能夠適時的控制自己的情緒、
控制場面、使顧客滿意。所以，不要怕，微笑就對了！

★ Know your faux pas from foie gras
處處留心皆「面試」★

面試可能不只有一次，可能會有第二、第三以上次數都有可
能，而有些面試（通常在第二場之後）可能會在聚餐中悄悄展開，

餐桌禮儀就變成了評比的重點，更有可能因為你的生活儀態、平常的談吐，納入評分表裡。主管們會藉此觀察你在用餐時如何與顧客交流、與公司同事間的資訊交換，如何適時反應，並是否有辦法應付突發狀況。這些都可能從一場聚餐、或是一場活動當中觀察並當作評分標準。

★ Exit strategy 關於面試結束後 ★

面試結束後，你可以把握最後的機會，再一次表達自己對這份工作的熱忱，並且誠懇的感謝每一位面試人員，在這段時間與你晤談。同時，你也可以問問什麼時候會收到面試結果通知。

在面試的最後，無論面試是否順利，你應該表現出你的禮儀，保持微笑並記得眼神交流，與所有今天參與你面試的人（面試官、今天與你打過招呼的所有人、引領你去面試的人員等）握手致意；另外，不要面試一結束就立刻打開手機，請在離開面試公司前保持著自己對這間公司的尊重。

★ Follow up with a thank you note 感謝函 ★

面試結束你可能就認為結束了，但其實還有一步。在面試之後，你可以寫感謝函作為最後一次可以替自己加分的機會，感謝

函中除了要對於對方給予面試機會及時間致上謝意之外，也一定要讓他感受到你的誠意及非你莫屬的優勢。另外，感謝函要盡量在黃金 48 小時內寄出，才會有實質效果。感謝函可以當作這次面試最後的努力，以及雖然感謝函可行，但送禮就不適合。

提到感謝函，你可能會認為電子郵件更為便利迅速，又或者是語音簡訊之類的透過網路傳遞的方法，但這兩者在誠意上卻難以與手寫的書信相提並論。雖然可能會相對花時間及力氣，在你誠意滿滿且簡明扼要的對該公司提供面試機會，與能對該公司有及進一步了解表達感謝。雖然最後可以無法使自己的面試結果反敗為勝，但努力到最後一刻也是你對自己增加信心的一種方式。

若你想要手寫感謝函但不知道他們的聯絡方式，你可以在人資部打來通知面試結果時順便詢問，或在你離開面試場所之前詢問櫃台人員。儘管你覺得寄電子郵件致謝面試主管比較方便、快速，但是手寫的感謝函能讓收到的人感受到你滿滿的誠意與禮節。

Don't 面試時你不該做的事

在你第一階段的書面審查順利通過，取得面試機會後，千萬

不要讓以下這幾件事情壞了你的好事！

★ Turning up late 遲到 ★

遲到是面試時最差勁的錯誤，如果面試遲到，就算你再有才能、再有能力，都有可能馬上被刷掉，因為在真正的職場上，遲到是最糟糕的！

在面試前，再次確認面試地點、時間，以及你將要使用的交通工具、交通路線。如果能在面試前一天，先跑過一次面試當天的路線，那是更好不過的。

★ Lying 說謊 ★

在面試時會被問到有哪些專業證照，或是曾經具有哪些經驗。你當然可以為自己的履歷進行適度的包裝，但絕對不宜誇大不實，例如：把沒有做過的事情當專業、沒有經驗的事情當作自己曾經的過往，這些都是不妥的，否則一旦被拆穿，不但會被列為該公司的黑名單，更慘的是，你的所作所為可能會在該領域的業界流傳開來。這可不只是當天的面試不被錄取而已，甚至會因此影響到自己往後的出路。另外，你可能很幸運的得到了工作機會，但也有可能因為能力與職位不相符，而無法長久的待在這間公司，

是否有真正的實力，遲早會被看穿。

★ Criticizing a current or previous employer
批評現任／前任上司 ★

往往在面試中，若有前經歷，都有可能會被詢問為何轉職，或換公司。就算你之前的公司裡有許多潛規則，又或是你前任上司有與自己不合的地方，都不要在面試中提起你對他們的負面評價。你需要在面試場合裡保持你的正面形象，表現出不管遇到什麼困難、或者有什麼挫折，都會盡全力去解決。

★ Criticizing the company that's interviewing you
批評你現正面試的公司 ★

在面試中可能會很常被問到，「你為何選擇我們公司？我們公司哪一點吸引你？」在你回答這個問題之前，你必須先對這間公司有所了解。因此事先調查面試公司的相關資料、背景、以及事先準備好這個問題的答案，這是個能讓你展現想法及內涵的機會。不需要刻意閃避這個問題，但也不能對公司做出攻擊，因為你所批評的方案或作品，有可能就是你的面試官所擔當的。回答時用心想，如何把自己的答案與對方想聽到的答案融合一體。

★ Giving textbook responses 照本宣科 ★

或許你能將面試指南的應答範例在面試時一字不漏的背出來，但通常這種時候，都無法順利錄取。你可能會抱怨面試官沒有看到自己的才能，但你有沒有想過，或許在你之前，面試官已經聽過幾 10 種大同小異的答案了。你該做的事情是，把書上教的東西先融會貫通之後，再用自己的方式說出你的故事。

★ Appearing arrogant or rude 行為傲慢粗魯 ★

適時顯現出自己的自信心與謙虛，相輔相成，尤其在面試時的正式場合，在回答問題或自我發表時，大剌剌的插嘴或是亂開玩笑都是大忌，就算當天的面試是走輕鬆路線，都不要太過隨便，請時時保持自己的態度。

★ Leave your cell phone on 手機還開機 ★

在這個資訊便利的時代，網路已經是現代人隨手可得的，不論是無所不在的 Wifi，還是你本身手機就有網路，但在你面對重要場合時，應該關閉可能會隨時發出聲音的手機。進入公司面試前請先關機，確保不會因為鬧鐘忘記關而壞了自己的面試。

前文有提到，其實第一印象是非常重要的，很有可能會影響

你的面試結果，如果讓面試官喜歡你，他們會對你感到有興趣，並做球給你發揮，而你只需要在被問問題時，去思考要如何回答，你的回答在評分標準上也會稍微放鬆許多。無論你的履歷寫得如何，你的禮儀及自信有可能成為你面試結果的關鍵評分標準。

面試肢體語言技巧 Do's

★ Carry One Item Only 攜帶一件大物品就好 ★

A combination of bags, briefcases and big coat makes you seem disorganized.

公事包加上大外套的組合，會讓你看起來雜亂無章。

★ Shoes Count 注意你穿的鞋子 ★

Many employers say the last thing they remember is the back of the candidate's shoes.

許多雇主說，他們記得的最後一件事，是應徵者的鞋面。

★ Sit Slightly Angled 坐下的位置 ★

Sit at an angle instead of directly across to show that"we're on the same side."

不要坐在面試官正對面，要稍微調整一個舒適的角度。

★ Be Poised 蓄勢待發 ★

To help convey poise and confidence, practice the"power pose" before the interview.

為了幫助傳達穩重和自信，請在面試前練習「高權勢姿態」。

面試肢體語言技巧　Don't s

★ Smile Nervously 緊張的微笑 ★

Smiling too much can make you seem nervous. Smile upon intro and exit only.

微笑過多會使你顯得緊張。在自我介紹和結束離開時微笑即可。

★ Purse Your Lips 噘起你的唇 ★

It makes you look like you're holding something back.

這樣會讓你看起來像在防著什麼事一樣。

★ Contract or Expand 收斂或擴張 ★

Claim your space (keep your arms uncrossed) but don't be too territorial.

確認你的空間範圍（請保持你的雙臂不交叉），但也不要太具侵略性。

★ Touch Your Face and Hair 觸摸你的臉和頭髮 ★

Try not to touch your face altogether - its a sign of nervousness.

盡量不要去碰你的臉，這是一種緊張的現象。

面試時該怎麼穿？

★男性★

➡ **外套**

最好能夠穿合身的西裝外套，請以深色為主，黑色及深灰色都是很好的選擇。過大容易看起來沒有精神、不專業，長度大約是位於雙手下垂時大拇指的位置，袖長至手掌虎口，另外，有墊肩的西裝也會讓人看起來專業、有活力。

➡ 褲子

西裝褲的長度大多在皮鞋的上緣。不要為了追流行而穿過短的褲子，會讓自己看起來輕浮；也不要將褲子改得過於誇張，太緊身或太寬鬆都不是好的選擇。

➡ 鞋

鞋子的款式不要太花俏，以咖啡色、黑色為主，顏色最好可以與皮帶搭配，另外，尖頭皮鞋會讓人顯得專業。

➡ 領帶

顏色需比襯衫深，不要選太過花俏的領帶，以乾淨清爽為主。

★ 女性 ★

➡ 頭髮

髮型會影響整體感覺。若你是短髮，請確保瀏海不要蓋住眼睛。若是長髮，請把頭髮綁起來，保持俐落，別讓頭髮讓自己看起來沒精神並不專業。

➡ 妝容

以面試的領域不同，妝的定義也會不同。但通常除了藝術類的工作以外，都以淡妝為主，在面試中才不會顯得格格不入。

➡ 衣服

顏色請選擇穩重色系，米色、灰色、黑色等都是不錯的選擇。套裝能在面試時但起來專業有自信，千萬不要穿得太暴露，這樣會顯得自己太隨便、不重視這次面試。

➡ 飾品

請避免多餘的飾品。在面試時，以專業及乾淨為主軸，面試場合不是要表現自己多有品味的地方，若必須挑選飾品時，請挑選簡單有質感的飾品配戴。

➡ 下身

褲裝時，不要把褲子改得太緊，在行動時會顯得笨拙，也不要穿太鬆垮不符合自己身形的褲子。

裙裝的裙長不短於膝，讓自己能在面試中發揮全力，不要因行動不便而影響面試。

➡ 鞋

顏色可以依服飾做搭配，但能以深色系為主，不要穿著涼鞋，會顯得隨便，也不要穿太高的高跟鞋，會覺得格格不入。

★ Tips

1. 請戴手錶（守時能讓自己形象大加分）
2. 不噴香水，保持整潔即可（也防止身上有異味）
3. 注意口氣清新（出門記得刷牙）
4. 保持最佳精神狀態（前一天不要熬夜）
5. 記得事先熨燙你的衣服（尤其白襯衫）
6. 適當的帶妝上陣（上自己看起來更有氣色）
7. 頭髮梳整齊（不要有睡醒的痕跡）

面試失敗的原因

Poor communication skill 溝通技巧貧乏 25%

Lack of proper etiquette 缺乏適當禮節 24%

Lack technical ability 缺乏技術能力 19%

Not qualified 不適合 14%

Not understanding of the organization 不了解組織 10%

Other reasons 其他原因 8%

GET THE JOB

Arrived 5 mins early 提早 5 分鐘到達

Conservative attire 保守穩健的穿著

Waiting time reading 等待時間閱讀

Polishing shoes 擦亮鞋子

NO CHANCE

Interview boozing 面試時豪飲

Faded shirt 褪色的白襯衫

Mismatched outfit 不合身的穿著

Smoker's stench 抽菸的惡臭

面試應答進階技法

快狠準！
2 分鐘自我行銷術

練好基本功後，還需要替自己找到專屬的必殺技！想在面試中脫穎而出？自我行銷技巧非常重要！

除了做好面試前的基本工作以及注意事項外，你還需要具備良好的自我行銷技巧。如何把自己完美的推銷出去，讓面試考官認為自己是可造之材、非你不可？到底該注意什麼？以下 6 個核心指標提供參考：

1. 問題處理
2. 談吐簡潔
3. 神色姿態
4. 實務經驗
5. 表達透澈
6. 動機熱忱

想要成為面試中的黑馬，以下 6 個自我行銷的要領，不可忽視！

★ 1. Be the solution 點子高手 ★

各公司在需要徵才時，可能會遇到預算限制或人力應對不足的問題，為了解決當務之急，常直接把徵才資訊掛在人力銀行的網站上（可能該公司網站沒有任何徵才消息），除了注意公告上直接明白的條件及要求外，最好也主動上網查詢，有關此行業所需要的一些技能或相關資料。

在面試時，不論是回答解決的辦法，或是分享過去的類似經驗，最好都透過具體的例子來表達，可以讓你的回答聽起來更真實。擁有好的經驗，也需要好的口才來表達。在面試前，請好好練習這些得意的經驗該如何表達、讓敘述更完整。

如果你所應徵的職缺，工作性質及方向是你沒有接觸過的，過去也沒有實習或打工經驗，那該怎麼辦？不要擔心，或許有些業界很強調極度專業性的技能，要跨專業就會比較困難，例如：醫學。但現在跨領域、專業都是很正常的，即便你應徵的這個工作跟過去經歷的產業不相同，只要你可以依照自己以往的專業經驗，提出不同的解決辦法或想法，或許就能夠讓面試官耳目一新，這也是個彌補相關經驗不足的好方法。

★ 2. Be specific 言之有物 ★

在說明一件事情時，最好的表達方法就是能找到支撐自己說法的案例，例如在說明自己優點時，別只是說些空泛籠統的陳腔濫調，試著鉅細靡遺的以實際例子來闡述自己的個人特質與專長。別光說：「我很會與人相處，很擅長溝通協調」之類的話，你可以講講以往共事過的團隊類型、曾經遇過哪些問題，最後是如何解決的、或是曾經遇過同事爭執，你是如何協調成功的。如果你

外商、大企業求職秘笈

本身是一個積極向上的人，那可以在面試時更進一步說明，你是如何計畫、遵守，最後達成了哪些計畫，這些都可以讓面試官相信並對你的優點印象深刻。

★ 3. Prepare sound bites 言簡意賅 ★

在面試前準備好表達自己曾經的風光事件，簡潔有力的介紹自己的長處與成就，讓面試官耳目一新、印象深刻。好比說，「我幫過《財富》雜誌前 500 大企業的其中 3 家設計過網頁」、「我成功的協助某某公司提升了 15% 的生產與解決輸送問題」等會讓人產生興趣的事件。

在準備這些精華濃縮的故事時，好好的問問自己：我有哪些最傲人的輝煌工作成就？我無人能敵的特質是什麼？我擁有哪些特別的經歷？

★ 4. Prepare to talk about your resume 錦上添花 ★

如果面試是一場演講比賽，那麼，履歷跟推薦信就是比賽前所擬定的草稿或綱要。幫自己說故事，這些內容只能向面試官訴說：「你經歷過什麼？」而不是「你為什麼這麼做？動機跟背景原因為何？」因此，面試就是讓你說明你當時的動機、你學到了

什麼、你應對時的想法、你因此獲得的成就等。

★ 5. Be aware of nonverbal Communication 進階表達 ★

在面試時，你的全身上下，包括手勢言語、臉部表情都有舉足輕重的影響。例如，你的坐姿、身體傾斜或向前傾，以及提包、公事包置於大腿上，都會顯得你自信心不足。除了可以對答如流外，也要保持眼神堅定的與面試官交流。記得，多微笑！此外，多練習握手方式，強而有力的握手，可以讓人感覺到你充滿自信又有熱忱，但握得太超過可是會讓印象分數打折扣喔！

★ 6. Be positive 正向積極 ★

就算前一份工作真的爛透了，不管是遇到豬隊友同事還是變態上司，請不要在面試時提起，這只會讓面試官對你觀感不佳，甚至可以說是從面試中直接出局。何不試著說：「我勇於挑戰自我，我認為自己可以擔當更有重責大任的職務，所以轉換工作跑道」，來取代那些憤世嫉俗、情緒化的離職藉口呢？也許你前一份工作真的是很差勁，但能將負能量轉換成正面能量，能將以前那些很糟的經驗當作成長的人，必定能從面試中獲勝！

★ 7. Fill in the pauses 置入行銷 ★

面試說白了就是在行銷自己，就像是在想辦法讓面試官購買下自己，那你如何把自己賣出呢？在推銷自己之前，如果不了解自己的優勢在哪，無法說明公司錄取你後能帶來什麼樣的價值，那麼，你就無法說服面試官錄取你。所以問題就在，你要如何說服面試官？因此，請適時的在每個問題中導入自己的專業與優勢，並自然的扣緊面試官所問的問題，以及你們當前對談中所論及的主題。

★ 8. Bring your 'Hall of Fame' with you 光榮時刻 ★

有沒有哪一段工作經驗最讓你引以為傲？或者你曾經得了哪些獎項？想想你最引以為傲的事情，並把相關證明準備好帶到面試現場。在面試中，你可以找機會向面試官描述，在曾經有過的經驗中，你得到哪些、或學到了哪些。

不是要有獎狀或是獎杯才能稱為光榮時刻，比如說，你在最後關頭完成了主管所要求的艱困報告、你在任何企畫中所得到的榮譽稱讚……等。這些在工作上所得到的稱讚，都可以在面試時用來證明自己是有能力的。讓面試官相信你能夠為這家公司帶來更多的榮耀與利益。

★ 9. Remember and rehearse 歷歷在目 ★

無論這次的面試問題是不是回答得順利、是否如你想像中的發展，在你面試結束後，請至少花上 20 分鐘的時間，去思考並檢討這次面試所發生的一切，思考剛剛的回答是否得當？檢討在面試中你的動作是否得體？試著把這些癥結點與缺失記錄下來，並重新思考：我應該怎麼回答更好？同樣一種情況發生時，我應該如何反應會更好？這樣的反覆練習，能讓自己在正式場合面對他人、或下一場面試時，減少緊張感。

★ 10. Identify missed opportunities 不無小補 ★

你有沒有過一種經驗，其實自己已經反覆演練了很多次，以為準備萬全，但在正式面試或發表時，就是忘了說最重要、最精華的部分，甚至直接腦子一片空白，短時間還想不起來？這時別擔心，亡羊補牢，猶未晚也！在之後的「面試感謝函」中，仍然可以安插幾個簡短的例子來說明自己的能力是受到肯定的，像是「我能夠因應主管的要求來接手同事們所需要的協助，幫忙他們一同解決眼前的困境」、「我常常樂於協助同事們解決電腦或資訊技能上的疑難雜症」。

★ 11. Do you have any questions about the job?
機不可失 ★

在面試時，不只是要準備回答面試官問題的答案，你在收集該公司的相關資料，並分析及統整之後，也要準備你所要問的問題。在面試的最後，大多數會被問：你對這次面試還有什麼問題想問的嗎？這可以說是這場面試最後一個可以反敗為勝的機會，你向面試官所提出的問題，不只能代表自己預先做準備來了解該公司，同時能讓面試官知道自己的才能與實力，面試官可能再次回想你剛剛的表現，說不定你問的問題，可以讓面試官發現自己就是那公司最需要的績優股！

✒ 還有 2 個小技巧，你也可以學起來

1. Take the Water 喝杯水吧

如果面試時，面試官提供你一杯水，即便不渴，還是喝一下吧！在你喝水的時間裡，可以用來整理思緒，構思待會的回答方式，更可以趁機穩定自己的心情。

2. What's in a name? 注意言行，勿指名道姓

討論交談時，如果能在對話中被提到名字，會感覺自己是受到重視的。不只是面試，進入職場後也是一樣，尤其在進場跟離開時的問候特別重要，其他時候則適可而止，過度的在問答中提及對方（面試官）的名諱，可能會造成反感，讓人覺得你很做作。

一般來說，面試當下你可能因為太緊張，似乎很難讓你聽到並記得所有面試官的名字，如果你能從面試安排人員那探聽到他們的頭銜與名字，就能在一開始的打招呼跟最後的致謝時使用，以示尊重。第一次商務會談或面試時，問候務必要稱對方全名及頭銜。當然，自我介紹也是一樣的意思，先讓對方知道自己的姓名及職務擔當，這是商業禮儀！

第16堂課

由負轉正幫你過關

說缺點，
該怎麼說才能變正面

人不可能沒有缺點，面試時也不需掩飾，將它轉正，缺點也可以幫你加分。

如果面試官要你說說自己有什麼缺點，面對這個常見的考古題，我們應該如何正確面對呢？是據實以告？還是委婉跳過？直言不諱會不會顯得太有勇無謀？含蓄帶過會不會讓人覺得不實在？所以，要用正確的方式打開這個難題。緊扣主題，避重就輕。避免單刀直入的方法就是懷柔政策，猶如武俠中的化骨綿掌，柔中帶剛。儘管你是個盡善盡美的人，請不要說你的缺點就是為了追求完美，應該說：「為了讓當下的工作能夠更加完善，可能會有適當調整，不能面面俱到，甚至可能會影響到別的工作進程。當然，會多跟團隊溝通，爭取創造佳績。」有時候，同一個意思，換種表達，既保持了禮貌，也能呈現出更好的自己。

⊗ NO

★ **Modesty** 謙虛、穩重 ★

我們都知道，面試就是一場自我認識的表演，演技太過就會顯得浮誇，過於低調又不會成為主角。也許，你很自信，但請不要過於誇張；也許，你很低調，但請不要此時沉默。

NG：我就是這個職缺最完美的人選。

NG：我不但在這個領域已有 10 年的經驗，升遷、得獎、達成績效、有效控管預算等，且我的業績甚至打破公司的銷售紀錄。

NG：使用絕對詞彙：最完美、最適合、最拔尖、最優秀。

其實，面試更像一場心理學的博弈，要想打動面試官，就要準備好你的故事，好比初見的兩個人，你有酒，我有肉，那麼我們可以坐下來一起聊聊人生。想要表現自己優點的時候，盡量學會講故事，別人更容易在故事中走近你、瞭解你。甚至把這個機會留給你。

★ Being too general 講大標題沒有深度的東西 ★

在回答問題時要注意，你的回答可以加上一些以自身經驗對問題的看法，但不要重複面試官的問題，講一些不是在這領域都知道的法則，顯得自己沒有深度也沒有準備好。如果你沒有聽清楚面試官的問題，也不要裝懂，反而會讓自己看起來什麼都不懂。

★ Talking too much 喋喋不休 ★

注意自己回答問題的時間，用 2 分鐘左右回答每一個問題就好！不要一直講不停，最後才問面試官有沒有聽懂，請注意回答時，講重點！另外，也請記得回答每一個問題時，都要控管時間

長短，不需要再次重複履歷上面有的資料！

✓ YES

★ Be clear and concise. 簡明扼要 ★

雖然說有自信的表達是必要的，但請別過多的包裝或修飾每一件你所談論的事，因為面試官只關心事件中有意義的重點。

★ Immediately follow with a proactive solution. 知錯能改 ★

沒有人是零缺點的，你確切的明白自己的缺點是什麼，了解自身的不足與短處，為何不順便替自己的缺點提出解決方法，讓自己現在的缺點也可以成為未來的優點。

你可以說：「我有時候會因為針對工作成果、績效做深度分析，而壓縮或耽誤到其他的工作進度的時間。有鑑於此，我對此實施時間分配與管理和進度規畫：時間一到，就進行下一件事。」

這樣的言詞，證明了你不僅知道自己的做事方法會為工作帶來哪些影響，而且能想出具體的解決之道。

★ Stop and wait. 對等交流 ★

當你回答問題時,請回答核心答案即可,不要針對問題喋喋不休的說個不停,或許你的回答很好,但可能會因為你說個不停,使得面試官對你產生不好的印象。

回答後等待面試官的回應或下一個問題,一來一往,才不會顯得對話不平衡。在你回答問題或等待問題中,記得要面帶微笑的等待並全神貫注,千萬不要發呆!

★ Be prepared for the interviewer to pry further. 有備無患 ★

面試前,你除了知道自己的優勢在哪裡之外,也要相對了解自己的缺點在哪裡,並針對自己的缺點準備幾個解套方案。若面試官問:你覺得自己的缺點在哪裡?以下的解套方法不妨參考看看:「我的缺點是太過要求完美,因為太過要求完美可能會減少我的做事效率,但就是因為我做事要求完美,才能把我的工作內容發揮到最好,當然,在我的企劃中也不會出現任何錯字。」

你可以說出自己的缺點在哪,並針對缺點說出可能會發生的事情,但這個缺點也可以為工作帶來好的效益。

對答參考範例

🖋 一、

I don't take initiative as much as I'd like.
我的積極度沒有我自己想的那麼充足。

有足夠的積極度才有辦法讓自己的實力更為茁壯。通常,雇主偏好積極上進的員工,因為有積極度,不需一一分配工作,員工就能自己意識到自己可以做哪些工作,並會為問題找答案,而不是等待別人來解決。不只是這樣,你若積極度夠高,雇主會認為你能持續為公司提供價值。

回答時,可以參考下列範例:

Within all the position, this one pays attention on aggressive attitudes; nevertheless, I wasn't aggressive that made myself unacceptable for being at command in my last job. The losses of spontaneity and playing by year made me afraid of offending the superiors as well as violating the policies of company, and eventually turned me to regressive. I thence would like to clarify the expectations and responsibilities of job position in advance and follow the directions from different perspectives to maintain the progression on correct trajectory hereafter.

我的積極度沒有我自己想的那麼充足。我的前一份工作很重視聽命行事,這實在令人難以接受。不能自主自發、見機行事,就怕冒犯到上級長官和違反公司政策,使我轉趨消極。然而,在諸多職位缺中,尤其是這份職位,視積極主動為核心價值。開始工作前,我會嘗試先釐清、符合工作任職務的期望與責任,隨後從不同角度著手、聽從不同的指示,同時進度不脫節、維持正軌。

✈ 二、
I don't always manage my time effectively.
我有時在時間管理上缺乏效率。

無論你有多會考試、有多會讀書，若不能妥善進行時間管理，一切都是枉然。時間管理是一門很大的學問，一天只有 24 小時，你如何分配自己的工作，不拖延且不延遲，同時又能兼顧自己的生活？如何使用最短的時間，完成這項工作？如果時間管理不夠成熟，可能會直接影響你的工作成果，被挑剔的機會也會相對提高。

回答時，可以參考下列範例：

Frankly, I admit I am the person strives to complete everything at once; unfortunately, I sometimes am inefficient and arbitrary, ignoring my other duties and making them go backward and delayed. By that, I learn how to deal with things without hesitate and sloppy, and speculative; furthermore, I resort to legitimate ways to support works when difficulties come.

———————

我有時在時間管理上缺乏效率。坦白說，有時我會一意孤行，這樣做往往壓縮以及忽略了自己其他的職責。我是個力求凡事一次完成的人，雖然有時候這會造成其他事情因此進度落後或延遲。所以說，我在學著如何將一件事以既不拖泥帶水，也不馬虎草率，更不會投機取巧的方式完成。當遇到困難時，也會訴諸正當管道尋求協助來達成工作。

✍ 三、

I take on a leadership role when it's not designated to me.
我會因為力求表現而踰越雷池，
以致冒犯他人（上司）。

這剛好跟前面第一點不夠積極自主的情況完全相反。你可能在工作中會因為想要表現自己的能力，而因此做出越俎代庖的行為。這有可能是越級報告，或是做不是自己分內的工作。這樣的行為可能會讓長官或是企畫領導人認為你已經踰越了你的權責。

回答時，可以參考下列範例：

I occasionally unintentional displease or offend my superiors by striving for personal performance, and this makes the tension between planners. I then try to dedicate to my duties and believe others without impeding others. I also recognize a good team is constituted by the collaboration and cooperation among members. I would do my part best.

———

我會因為力求表現而踰越雷池，以致冒犯他人（上司）。這樣造成了負責的企畫人員不舒服，彼此的合作關係因此緊張。我會試著盡忠職守，並相信他人的能力職責，不因為力求表現而妨礙到他人行事。同時，我也明白並認同一個好的合作團隊裡的成員都該各司其職、互相幫忙，而非特立獨行。我會努力做好自己本分。

✈ 四、
I talk too much.
我話很多。

這個問題絕對不會發生在害羞、含蓄、內向的人身上，所以你要如何表現出因為這樣，你熱衷於工作內容的討論、幫助企劃點子的發想，而不是成天只會跟同事哈拉打屁、交換八卦。你如何證明你跟同事間的交流，大多數談論的都跟工作內容有關。

回答時，可以參考下列範例：

I am a sociable person with extroverted personality, I hence would be distracted my attention from works with unnecessary interactions. I would try to avoid unessential interactions and listen from others. I acknowledge that someone's thunder would be stolen by me, I ask my colleagues to remind me in advance when topic is digressed.

我話很多。我想我是個外向、善於社交的人。有時這也會造成工作分心、不必要的互動。我會避免不必要的資訊交流，並試著學習傾聽他人而非一味絮絮叨叨。也許我會不自覺的搶話題，所以我都會事先請同事在我說得太過頭或離題時點醒我。

五、
I'm not great at public speaking.
我口條不好。

不是每個人都常常可以擁有在大庭廣眾下開口說話的機會，因為缺少練習做起來可能生疏，但這是可以靠後天努力及練習訓練的能力。然而，另一方面，這樣的回答有時會被視為大智若愚，反而可以產生正面加分的奇效。所以，盡量的專注於在這樣的缺點下，你能衍生出什麼與之有關的正面效益。

回答時，可以參考下列範例：

I am not eloquent and expressive due to my stage fright, tension, night sweats, and incoherent in the public. I deeply feel anxious when people judging my eloquence. Even so, I realize to assimilate to a team is quite important for this position, albeit my performance still is not perfect. I am going to resolve this problem through the participation of amateur debating club. Now, I am care of my dissemination process and object rather than self-esteem and the results of performance.

———

我口條不好、表達能力欠佳。我會因為在一大群人面前說話而怯場、緊張、盜汗、語無倫次、無法直視觀眾暢所欲言。我深深的為人們評論我口條的能力感到無比焦慮。即便如此，我了解融入團體對這個職位來說很重要，儘管自己的表現未臻於完善，我會更加努力設法解決。我也因此加入了一個業餘交流的辯論社團，來改善我面對群眾的問題。此刻，我所注重的並非自尊或是表現的結果，反而是我傳達的事物與傳達的過程。

✒ 六、
I'm not as organized as I could be.
我的組織能力欠佳。

依照職業的不同，職位的需求皆可能不相同。如會計師或財務規劃專員，這些專業的職業所看中的，是你是否有足夠的專業勝任這份工作，而非面試時所要求的團隊合作能力要有多好。所以在你回答這一類缺點時，要先考量你所應徵的職務。否則，像如此依賴專業性的工作，就不是那麼看重這樣的能力了。

回答時，可以參考下列範例：

Poor organizational skills of me makes me regressive, I was used to keep my schedules in mind and could accept occasional mistakes. I realize tiny mistakes or inaccuracies bring unstoppable catastrophes. I then try to note each communication record, meeting record and mission record, and attempt to utilize cloud system to synchronize records. Now, I am meticulous about my works and living things.

我的組織能力欠佳，並非凡事都縝密詳實記錄、做規劃的人，只因為自己沒那麼積極勤奮。在大學時，我每天習慣將行程記錄於腦海中，偶爾有一次、兩次的失誤都可以接受。我能理解小地方的草率、不縝密、缺乏嚴謹組織會釀成一發不可收拾的大禍。我試著將每次的通聯紀錄、會議討論內容以及任務目標記錄於線上備忘錄，並盡可能透過雲端同步到所有我會使用的電腦上。現在，我對於工作及生活上所有事物的組織規劃可一點都不馬虎。

✒ 面試時常見的非語言錯誤

★ Playing with hair
  玩自己的頭髮 **21%**

★ Not knowing enough about the company
  對公司的了解不夠 **47%**

★ Lack of eye contact
  缺乏眼神接觸 **67%**

★ Not smiling
  沒有微笑 **38%**

★ Poor posture
  姿勢不佳 **33%**

★ Excessive use of hand gestures
  過度使用手勢 **9%**

★ Arms crossed over chest
  手臂橫放胸前 **21%**

★ Unusual handshake
  不尋常的握手 **26%**

★ Fidgeting
  坐立不安 **33%**

★ Bright colors and add attire are off-putting
  服裝色彩豔麗令人倒胃口 **17%**

第 **17** 堂課

為什麼我要錄用你？

把你的成功
包裝成「故事」

當面試官問這個問題時，你應該好好把握這個可以讓他對你留下深刻印象的機會！不妨用故事詳加闡述幾個你引以為傲的優勢，就能正中紅心。

每場面試的每一個問題，都不脫離一個核心：「為什麼我要錄用你？」而這句話可能以各種方式出現在你的面試當中，像是：

➡ Why should we hire you? 為什麼我要錄用你？

➡ Why are you the best candidate for the job? 你說你是這個職缺最棒的人選，為什麼？

➡ What would you bring to the position? 你能替這份工作帶來什麼價值？

在面試官思考為何要錄取你之前，請為自己準備一個簡潔有力的答案！會被錄取都是有原因的，在面試時，你應該主動表示自己對公司可以帶來什麼樣的好處？若自己錄取這個職位，可以替公司帶來什麼價值？你必須試著在面試時找機會將這個答案，告訴你的面試官：這個職位非我不可！錄取我吧！這樣的毛遂自薦可以充分表達你對這個職位的渴望及熱忱，也能讓面試官提前對自己印象深刻。

為什麼這麼問？

不是能力好經驗多，到哪裡就一定會被錄取，在面試官看來，

面試是為了找尋最適合這個職位的人。大部分在進入正式面談前都已經過了一番篩選，也會討論面試者們的各種特質。因此在面試時，你和競爭對象都有被面試官期待的特質，以及不相上下的背景及實力，那你要如何表現才能爭取那唯一的勝利呢？

每次的招聘對於公司而言，都存在一定的風險及成本，招聘人員在向上級推薦任何一個候選人時，也都是賭上了個人的職業信譽來替你擔保。若最後雀屏中選的人表現優異，或許不單能替公司創造無數的財富與價值，也能替招聘人員獲取良好的績效（又或者豐厚的獎金）。

反之，若表現不好，一開始相信你，且替你做擔保的人不但臉上無光，嚴重的話甚至也會威脅到他們的職業生涯！因此招聘人員在挑選人才時也會千挑萬選，所以你要如何說服招聘人員相信你的能力、相信你是最棒的人選，以下這幾招或許可以讓面試官們對你感到好奇並認為你是最好的。

- ➡ You can do the work and deliver exceptional results. 你不但能完成工作，還能超乎工作期待。

- ➡ You will fit in beautifully and be a great addition to the team. 你不但能融入團隊當中，還能使團隊更棒。

- ➡ Your integration of theory and empirical experience makes you exceptional. 你不但懂理論更有實務經驗，還能把二者都應用得淋漓盡致。

➡ You will absolutely be the wisest choice. 選擇你絕對是最明智的選擇。

怎麼回答 Why Should We Hire You 這個問題？

你應該好好把握這個可以讓面試官對你留下深刻印象的機會！你應該要囊括 3 ～ 4 個你最引以為傲的優勢來回答這個問題，重點在於質而非在於量。舉出幾項企業該用你的原因，並對每一個都詳加闡述，甚至是舉實際經驗為例，絕對更勝你落落長的念一串清單，但沒有一項能正中紅心來得有說服力。

你可以利用下列幾個亮點來做延伸：

➡ Empirical experience 業界經驗

➡ Experiences of specialty or project 特殊領域或專案經驗

➡ Technical skills 技術性技能

➡ Soft power 軟實力

- ➡ Key accomplishments 主要的成就

- ➡ Awards 獲頒的榮譽獎項

- ➡ Education/Training 教育／專業訓練

網路上常常流傳著要如何有創意的回答問題，並順利被錄取。你以往的經驗，往往都是回答這種問題很棒的題材。你可以不只是紙上談兵而已，只要利用以往的經驗、曾經因為某件事所學到的技能，再將你的能力與技巧融合到故事中，這樣就能讓你的故事更具吸引力，也更為生動並讓人印象深刻。

★ Step1：Brainstorm 腦力激盪 ★

首先，檢視一下徵才訊息當中的職位內容敘述欄位，接著回答以下問題。試著腦力激盪一番，並記錄下所有腦海中的想法。

- ➡ What are the most important qualifications for this position from the company's perspective? 什麼是公司期待最重要的一項資格能力？

- ➡ In which of these areas reflect my prominence? 這些資格與能力當中，有哪項是我真正特別突出的？

- ➡ Which are the most impressive accomplishments for me？我最大的成就有哪些？

➡ What makes me different from the typical candidate? 我有什麼特質讓我更勝於其他可能的競爭對手？

★ Step2：Structure Your Sales Pitch 擬訂行銷戰略 ★

在上述這些優勢當中，選 3 ～ 4 個對你最有利的項目，再以這些項目去組織戰略來推銷自己。

但千萬不要寫一篇稿讓自己死記硬背，只要簡單寫下你想要傳達的幾個要點即可。每個要點之間，最好要有能承先啟後的脈絡。如此一來你在敘述時，就能用這個脈絡去配合實際不同的狀況做微調，而不至於當面試官變換問問題的方式，你的回答馬上大亂、結構盡失。

簡潔為佳，請盡量保持在 1、2 分鐘內可以完成訊息的長度。不可能有這麼多時間讓你詳細解釋你履歷上的每一條內容，因此你得好好思考，選擇最重要的說，且不要浪費時間在廢話上面，讓你每句話都言之有物，每個字都有價值。

★ Step3：Practice 勤加練習 ★

水滴石穿並非一日之功。想要有更好的表現，就要像個演員一樣勤加練習。對著鏡子，對著朋友，多說幾次，整理不順暢的

外商、大企業求職秘笈

地方，慢慢修正。當擬訂完推銷自己的行銷策略之後，緊接著你需要開始不斷的練習這些內容。再次提醒，千萬不要死記硬背，這只會讓你上場有背稿的壓力，你會緊張到表達呆板生澀。最好的訓練方式就是找出每次演練的癥結點，然後加強該部分練習，直到能暢所欲言為止。也許你出場的表演不是曾經準備的那個版本，但是沒關係，無數次練習之後你會更加沉著，更有信心。

★重點提示

你要想像著面試中的你就像站在了一個非常棒的舞臺上，此刻你要用你飽滿的熱情感染觀眾（面試官），要有自信且有力地表達你想傳達的主題。內心火熱卻不焦躁，這是一場關乎你成敗的表演，禮貌而充滿熱情。任誰都不會忽略掉你。相比那些所謂的經驗，你的真誠和自信更能打動人心。相信自己，你可以。多年以來的招聘經驗告訴我，比起擁有大量的工作經歷，具有熱忱與自發上進才是職場成功的關鍵。

✒ 企業想要甚麼樣的人才？

站在企業或面試官的角度，他們心中對理想候選人都有一些基本要件，根據以下 6 項要件，讓自己成為企業口中那最理想的候選人吧！

Ideal Candidate 理想的候選人

Motivation 動機→ Intellect 智力→ Core Competencies 核心競爭力→ Team Fit 團隊合適度→ Career Trajectory & Growth Potential 職業生涯軌跡與成長潛力→ Results Delivery 實現結果

✒ 國際人才在乎什麼？

以馬斯洛的需求理論來看，國際人才認為工作應該要能滿足他們金字塔上端的需求。

➡ **Career Development Opportunity 職涯發展機會**

➡ **Contemporary cognition 當代認知**

➡ **Salary and welfare 薪酬與福利**

- Self Actualization self-fulfillment (challenge, opportunity, learning, creativity) 自我實現（挑戰、機會、學習、創造）
- Esteem (importance, recognition, respect) 自尊（重要性、認同、尊重）
- Love/ Belonging (social, love, family, team) 愛與歸屬（社交、愛、家庭、團隊）
- Safety (economic and physical security) 安全（經濟與人身安全）
- Survival (food, water, sleep) 生存（食物、水、睡眠）

怎麼說，面試官就會錄用你？

　　以下有 3 個案例，他們的回答充分展現自己的實力、自信與熱忱，讓面試官很心動。他們的優點，你也可以學習。

✈ **Example Answer 1**
Project Manager 專案管理人

I am qualified with those conditions and requirements for that position, and I recognize that I am competent to project management, it is not only my experiences and background in top enterprise but also my interpersonal social abilities to connect colleagues and supervisors; moreover, I am extremely enthusiastic in this business, which drives me provide high quality efficiency in works.

我具備貴公司對於該職務的相關經驗與要求，而我相信自己能夠勝任項目管理的工作。不只是因為本身曾在頂尖企業有項目管理的經驗與背景，能讓我跟同事與主管間維繫良好互動的人際社交能力，同時也是因為自己對於這行，具有強烈的熱忱，驅使我更致力提供高水準的工作效率。

面試官喜歡的原因

他的充分自信與簡明扼要地說明了所具備的條件與資格（管理項目的經驗，職場人際關係與舉例等）。然而，他如果能再提供多一點

足以證明他實例的依據（成功的項目案例、任職於哪些企業、提供更多良好人際關係的例子……），就無懈可擊了。不過，我們可以假定他在這段介紹前已經解釋過相關細節了，在此是為了更加強調與重申自己的價值，並整理出更簡潔有力的原因來告訴面試官。有誰不喜愛一個這麼有工作熱忱、動力、有效率水準的人才呢？

✍ Example Answer 2
Programmer 程序規畫員

Honestly, I deem myself as a program planner in nature, I have six-year experiences in program planning, a series successful cases, and the competence of improving production efficiency. I am good at communication and the affairs of cross-section. Additionally, I immediately can and desire to devote to the company consistently.

坦白說，我認為自己天生就是做程序規劃的料。有 6 年的規劃設計經驗，一系列的成功案子，與提升生產效率的能力。我善於與各級主管溝通，並能勝任高水準、跨部門的要務，此外，自己能立即為一間公司奉獻心力且貫徹始終。而我甚是期待能為貴公司貢獻自己。

面試官喜歡的原因
這是一個能提綱挈領、強調自我關鍵資格與職務有高契合度的良好例子。除此之外，此應徵者說到能立即為公司效力，不必再讓公司多費心思去拉拔，這也是很誘人的一點。如果可以在你的內容中加上這些重點，一定可以讓整體面試加分不少。

New College Grad 社會新鮮人

I recognize that I am capable of being the assistant with my competence, experience and attitude. I was an intern for last two summers in Ellen Show, supervising the TV production: my endeavors and success in the first summer brought me another opportunity to involve in more in Ellen Show. When I was a junior in UCSD, I played a sort-term special assistant in a production company, participating in editing. All my colleagues considered I was grateful and responsible. I really love to work in television industry, hoping to learn more and accumulate experiences.

我自認為有足夠的能力、經驗、態度勝任這個助理職位。曾有過兩個暑假在《艾倫秀》擔任實習，參與監製。由於第一個暑假的努力與成功，他們邀我再次於另一個暑假參與，並給予更多的工作職責。就讀加州大學聖地亞哥分校，約莫大三、大四時，我在一間製作公司擔任短期的特助，隨後也參與了數次剪輯的工作。與我共事過的同事，都認為我很和藹可親，並且盡責。

其實，我就是熱愛在電視產業工作，並寄望能在各方面學習並獲得更多經驗。

面試官喜歡的原因

這名應徵者儘管沒有長期深度的工作經歷，他卻能善用並強調自己短期兼職的經驗來說服面試官（事實上，他提到自己再次獲邀參與剪輯工作就是很好的證明）。他同時彰顯自己在工作上的敬業與熱忱，而這些能承擔繁重工作量的特質，正是被錄用不可或缺的原因。

18堂課

面試到底問什麼？

請作答！
8 種必知面試題型

面試會有必問的問題嗎？他們會怎麼問？為了考察應聘者是不是具備相關能力，或者能不能融入企業文化，會有以下 8 類問題。

面試不像科學或藝術，它只是一個為了找出潛在主雇關係所衍生的因應之道罷了。然而，在面試中還是有值得我們注意的小細節。以下是面試時常遇到的 8 種問題：

★ 1. Credential verification questions 學識背景 ★

This type of question includes "What was your GPA?" and "How long were you at _____?" Also known as resume verification questions. The way is to objectively verify the depth of knowledge of the credentials in your background.

　　「你 GPA 平均得點多少？」、「你攻讀 XXX 多久？」這是種確認履歷是否名實相符的問題，用以確認你的學識背景的客觀方法。

★ 2.Experience verification questions 經驗與歷練 ★

This type of question includes "What did you learn in that class?" and "What were your responsibilities in that position?" The way is to subjectively evaluate features of your background.

　　「你在那堂課中學到什麼？」、「你在這個職位負責什麼？」這是一種主觀調查並評估你經歷背景和你個人特色的方式。

★ 3.Opinion questions 你的看法 ★

This type of question includes "What would you do in this situation?" and "What are your strengths and weaknesses?" The way is to subjectively analyze how you would respond in a series of scenarios.

「如果在 XXX 情況下，你如何處理？」、「你覺得自己的優勢是什麼？那有沒有任何不足之處呢？」主觀評斷你臨場反應與表達的方式；不過由於問題的開放度高，一般面試應徵者回答時應該能掌握得不錯。

★ 4.Behavioral questions 表現闡述 ★

This type of question includes "Can you give me a specific example of how you did that?" and "What were the steps you followed to accomplish that task?" The way is to objectively measure past behaviors as a predictor of future results.

「你能不能告訴我你如何看待 XXX 這件事？你當時又怎麼做？」、「你是如何克服並達成這個挑戰的？」問題的開放度高，透過你對過去的實務經驗與做法的表述，來客觀衡量你未來的潛在表現。

★ 5.Competency questions 能力的推銷 ★

This type of question includes "Can you give me a specific example of your leadership skills?" or "Explain a way in which you sought a creative solution to a problem." The way is to align your past behaviors with specific competencies which are required for the position.

「你能否給幾個事例，證明你的領導技巧？」、「你當時是怎麼想到以跳脫一般思維的方式解決這個問題？」這類的問題是用來判斷你個人長處和這個職位的契合度。

★ 6.Brain teaser questions 腦力激盪 ★

This type of question includes "What is 1000 divided by 73?" to "How many ping pong balls could fit in a Volkswagen?" to complex algorithms. The way is to evaluate not only your logic and algorithmic abilities, but also your creative ability in formulating the mathematical formula for providing an answer (or estimate, as can often be the case).

「請問 1000 除以 73 是多少？」、「你認為一台 Volkswagen 的車裡面可以裝得下多少顆乒乓球？」這不僅可以看出你的邏輯與演算能力，同時看看你能有多少創意。

★ 7.Case questions 隨機抽問 ★

This type of question includes problem-solving questions ranging from: "How many gas stations are there in Europe?" to "What is your estimation of the global online retail market for books?" The way is to evaluate your problem-solving abilities and how you would analyze and work through potential case situations.

「臺灣有幾間 XXX 便利商店？」、「你對於 XXX 的新書 OOO 有什麼看法？」這是一種評估應徵者在突發狀況或是隨機應變的處理能力的測驗。

★ 8.Dumb questions 自由發揮 ★

This type of question includes "What kind of animal would you like to be?" and "What color best describes you?" The way is to probe your originality no matter right or wrong, it only to examine your intuitive thinking and creativity.

「你想當哪一種動物？為什麼？」、「你認為哪一種顏色能代表你這個人？」這是用來試探你的原創想法，並沒有對錯，只是用來測驗你的直覺思考與創意度夠不夠。

✐ 問題比重會如何分配？

有趣的是，通常前三種問題只占面試評比的 10%，而腦力激盪（測驗智力、眾多職務的核心能力）則提升至 15%，隨機提問占 25%；然而，表現闡述與能力推銷共占 55%。剩下的重點在於自我陳述推銷，這部分占了 55%。再剩下的就是面試官對你的印象分數。

19堂課

解析面試問題背後真正含意

其實，
面試官想完全看透你

在面試時，有時候會出現很特別的問題，你始終想不透，面試官到底想要透過問題知道什麼？

首先，了解問題背後的含義，你就能抓住回答問題的精華，減少回答錯誤的機率。

Part 1 如何回答問題？

　　洋蔥式問題很常在面試中出現，面試官想要了解你的真實想法與狀態，會一題一題的往下問。透過精確設計過的問題，更深入的了解面試者的真實想法，更精準的了解你的經驗與個人特質。在這些回答裡的每一個答案，都可能是錄取的評分標準。但依照面試的職務不同，要如何真正了解問題背後所代表的意義？以下為大家剖析面試的問題，讓你更具體的知道該如何回答。

　　以下三件事，其實都是各式各樣的問題的中心，也是面試官們最想要知道的！

　　從你接到面試通知的那一刻起，面試官們已經準備好了三個基本的問題，因為他們可以從中瞭解你是不是他們想要的那個人：

1. 你能勝任這個工作嗎？

2. 你會接受這個工作嗎？

3. 你能融入公司文化嗎？

　　看到問題你笑了，這不就是三個問題嗎？很難嗎？那麼反問自己，你確定你能讀懂題意，知道面試官想要什麼答案嗎？你確定你能一針見血並極具邏輯性的給出答案嗎？別衝動，衝動是魔鬼，也許你不知不覺會暴露缺點。因此，透過了解問題背後真正

的目的，培養出對問題深層意涵的敏銳度，並且按正確的語句結構串聯，才能真正說出面試官想要知道的重點。所以在回答問題的時候，請先確定你已完全了解問題的重點。否則，你可能會赤裸裸的把自己的缺點，無意識的攤在陽光下！因此，為自己客製一套能突顯自己優勢的應答系統，是百戰不殆的唯一選擇。

★ 面試常見問題 ★

問題 1：介紹你自己

◎ 目的

1. 組織能力：評估你的邏輯是否通順，是否具備一定的組織能力。

2. 溝通能力：觀察你的表述能力，是否可以做到流暢自如。

3. 執行能力：衡量你對公司有沒有 CP 值。

4. 自我認識：如何證明你是這個職位的不二人選。

◎ 應對策略

1. 首先重點式的陳述你過往學歷及所學專業背景。

2. 突顯之前的工作成就及所創造過的價值。

3. 將自身技能經驗跟職位空缺對號入座，以便人資百裡挑一。

★ Tips

1. 自我介紹其實正是自我推銷的大好時機

大多數的人，在自我介紹時都缺乏自信，總覺得自己沒有什麼特別突出的優點。但其實不然，如果你這道題目回答得很得體，就能讓你在面試官前第一時間留下好的印象。更可能因為你的介紹內容非常的特別，讓面試官對你產生極大的興趣。

2. 千萬別說你「想學東西」，你又不是要來繳費上課

切忌在面試的時候說你為了求進步，想來學點東西。這裡不是培訓班，而你也並不是來交學費的。

很多人會覺得學習能力也是自己突出的優點，所以面試的時候特別想表達自己喜歡學習或者希望能給自己一個學習的機會。但是卻忽略了這裡是公司，企業的宗旨是創造價值，這裡不會免費開班授課，只是希望找到可以為公司幹活的人。

也許你是衝著這公司可以學到自己想要的東西才來，亦或是抱著公司雇用我，自然應該好好栽培我的態度才來的。但這樣卻適得其反，甚至影響到面試的結果。因為面試官需要的是一個可以幫公司搞定疑難雜症的全能選手，而不是一個願意認真來學習的人。

3.「想做」不重要，「會做」才重要

要回答好這道問題確實不易，很多人有另一個常見的錯誤，是在自傳或面試時大談理想，或自己「想要做哪些工作」。這種說法很可能留給主試官負面印象。公司之所以花時間找人，目的是要解決一些特定的問題，而不是「幫誰實現願望」。花太多篇幅與時間講自

己喜歡什麼，這並不是有效的「推銷自己」。當然，並非公司不在意你的個人意願或是生涯規劃，能適度地讓面試官了解你是喜歡怎麼樣工作。尤其若面試官自己主動問起，你更可以稍微談談你的其他興趣。重點是千萬不要面試官沒問，自己在那邊侃侃而談。因為如果當你連「價值」都還沒展現，就在大談自己的理想，肯定不會讓人覺得你積極進取，只會讓人覺得自大，這肯定是扣分的。

問題 2：來這裡工作的理由或者動機是什麼？

◎ 目的

1. 明確目標是什麼？即求職者對公司的認知和定位。

2. 明確動機是什麼？即求職者對產業性質的瞭解程度。

3. 求職者對競爭對手的了解程度。

4. 了解求職者離開前一家公司的原因。

◎ 應對策略

1. 具體說出公司整體的架構、理念、目標、產品特色和競爭優勢。

2. 精準的說你適合公司體系的優勢範疇。

3. 展現與其他面試者不同的地方。

4. 用「相關」的職能技術及個人特質說服雇主你是公司最佳人選。

★ Tips

「你為什麼離開原公司？」在面試中，對於工作過的求職者，多數考官都會問這個問題。因為透過這個問題的答案，可以讓人資瞭解到應聘者的求職動機、價值取向、忠誠度、心態、品格、甚至某方面的能力缺陷等情況。

這並不是一個容易回答的問題，很多身經百戰的中高階應聘者都有可能失敗，那是因為面試時會有一些不能提及的離職原因：

1. 收入太低：這個答案會讓人覺得你是單純以收入為取向，而且顯得你是個很容易會動搖的人，你的目標就是錢，格局顯得有點低。如果有更高的收入，會毫不猶豫跳槽，從而影響對求職者的評價。

2. 人際關係複雜：企業中除了個人能力，更看重你是否具備協作精神，即團隊合作力，如果你對這部分諱莫如深，那麼你可能會被刷掉。

3. 獎金分配不公：職場如戰場，你能收到多少獎金都是公司根據你的表現定量的，正常情況下這部分公司是對外保密的。但是你拿這個不公平做理由，會讓人覺得你的專長是偷窺別人隱私，降低對你的評價。

4. 老闆／主管有問題：我們都知道樹大必有枯枝，人多必有白痴這個道理。但是你不能說我的上司就是個白痴，因為你把矛盾指向了別人，卻沒有意識到自己的適應性和配合度低的問題。

5. 工作壓力大：現實社會裡沒有一份工作是沒有壓力的。但是一個扛不住壓力的員工必然成就不了大事業，人資會這麼想。

問題 3：談談你過去的經驗

◉ **目的**

面試官只要熟悉你的過去，就可展望你的未來。

題型：

1. 你最認同前公司的哪一項文化？為什麼認同？

   Describe the culture you admire most in previous company and why?

2. 你最欣賞及最不喜歡前主管的哪些特質？

   To what extent of characteristics of your last superior you appreciate and dislike?

3. 過去你跟老闆意見不合時，你都怎麼處理？

   How do you deal with the opinion conflicts between supervisors?

4. 說說看你跟不同世代在一起共事的經驗？有哪些衝突發生？

   Could you enumerate possible conflicts when working with colleagues from different generations?

以上這些都是高難度的面試題目，可以說是一失言，就會成千古恨。必須在正面與負面評價之間，尋找出一個相對平衡點。除了考驗你答題的技巧，更是挑戰你應變溝通的能力。因為很可能只要說到一項與面試者相異的觀念或想法，該職缺就會變成最熟悉的陌生人，所以事前的準備演練絕對不能馬虎。

外商、大企業求職秘笈

◉ 應對策略

用實際發生的案例來作為說明

1. 實際狀況：陳述所面臨的狀況或挑戰。

2. 解決方案：說明你是如何擬定應對策略。

3. 執行步驟：詳細敘述整個過程及中間所運用的技巧。

4. 執行結果：鉅細靡遺的分享成效，盡可能量化成果。

問題 4：你覺得有哪些方面需要加強？

◉ 目的

1. 測試你的膽識氣度

2. 觀察你的學習態度

題型：

1. 回顧過去，你覺得在下個工作上該補強什麼能力？

   Retrospectively, which part should be reinforced in the next job?

2. 你希望得到哪些獎勵？

   How do you like to be rewarded for good performance?

3. 你要如何告知資深同仁他被資遣了？如何面對他的情緒？

   How do you tell the senior colleagues they are distributed and

   mediate their negative emotions?

4. 請說明何謂誠信？

Please define integrity.

上述問題是在深入探討你的心理狀態。無論面對各種挑戰壓力，是否能持續精進學習，以不逃避、以身作則的方式來自省及解決問題。而不是空口說白話，對人對事只知其然，而不知其所以然。

◉ 應對策略

1. 說明你是常態性有目標的在檢視自己的優缺點。

2. 告知對方目前本職學能補強的整體規劃及進度。

3. 最好的回應是，舉例說明自己如何讓劣勢變成優勢。

★ Tips

回答這個問題，千萬別讓自己掉進陷阱裡。一旦你所表達出的缺點對現在要應徵的工作有負面影響，那麼所有的準備就會前功盡棄。因此回答時可以更有技巧些：

1. 蜻蜓點水，無傷大雅的缺點，不會讓你失去工作上的競爭力。

2. 承認曾被批評的缺點，重點在於你能虛心受教，知過能改。

如應徵業務工作，你告訴對方你不善言辭，這等於自己否定掉了這個工作機會，因為你的缺點是這個工作的基本需求。較適合的回答是，說明履歷表上已知且顯而易見的缺點，比如不會騎機車或語言能力不足，再說明改善的配套措施。

問題 5：你未來 3 到 5 年的計畫？

◉ 目的

1. 瞭解你會為公司服務的時間長短。

2. 看你是否有心積極為公司創造價值。

3. 衡量是否為可培養之人才。

4. 能否列入升遷口袋名單。

5. 你可能適合哪些部門

★ Tips

1. 清楚強調你對工作的態度及對企業的信心：

   表達你對此工作抱著多大的熱忱，你面對這份工作時是帶著什麼樣的心情。

2. 對於更多責任的承擔及管理角色都給正面回應：

   使用具體事件闡述自己會如何解決問題。

3. 表明自己的目標與公司目標是完全一致的：

   面試準備時做足有關此公司的任何有關的功課，再與自己想法結合並回答。

除了搞清楚問題背後的問題外，在整個面試過程中，一定要時時刻刻技巧的讓面試官覺得你就是最佳人選，把自己的能力、經驗、價值觀，與目標企業及職務牢牢嵌合。一而再、再而三的跳針式的置入，才能提升被錄用的機率。

Part 2 該如何問問題？

在大部分面試的最後，面試官都會詢問有沒有想問的問題。這個時候，千萬別為了問問題而亂問問題，這樣會顯得你很無厘頭。面試官可以很輕易透過面試者問的問題，看穿面試者的人格特質原本的面貌。

問很多問題，不如問出一個有水準跟深度的問題，能夠為求職錄取率錦上添花。另一方面，有些問題卻是面試大忌，請千萬不要以身試法，搬石頭砸自己的腳。

所以你必須要事先準備 3 到 5 個問題，建議如下：

1. 明年公司最主要的目標是什麼？

2. 在您看來，怎麼樣才能算勝任這個職位呢？

3. 如何評量員工在這個職位上是否勝任呢？

4. 您為什麼會進入這家公司，是什麼原因讓你做這麼久？

5. 在這裡工作您最喜歡的公司文化是什麼？

6. 您認為這個職位最大的挑戰是什麼？

7. 您認為在這個領域上工作，哪些特質是不可或缺的？

你也可以反問一些之前面試官已經提到過的問題，表示你非常專注聆聽他說話。

 外商、大企業求職秘笈

你要問面試官的問題，要顯示出你認真考慮過這個工作或這家公司，並且有做足功課深入了解。你可以詢問這個工作的職責，或是對方認為公司、以及企業文化的優勢與企業的未來方針等等。這些都是很好的問題，可以讓你用一種非官方的、或是很自然的方式，向面試官展示你已經預先對這家公司有所了解。

✒ 被錄取前，面試 NG 問題

1. 請問貴公司是在做什麼的？
2. 請問假日需要加班嗎？
3. 我什麼時候可以請長假？
4. 我被錄取了嗎？
5. 請問這個職務薪水是多少？
6. 午餐時間是多久？
7. 遲到幾分鐘可以不算遲到？
8. 年假有多少？
＊此外，也不要詢問那些已經在求職資訊上發布答案的問題。

面試必備字句

面試 Q & A
問答技巧

就算英文再好，也要事先了解英語面試的常見問題、對答技巧、及必備詞句。以下準備的內容或許可以讓你的英文面試更上一層樓。

外商、大企業求職秘笈

工作面試實在令人困擾，但又是公司尋才的途徑之一，尤其若是要使用第二外語面試的話，不只是用字遣詞，要如何表達得漂亮，都必須下功夫準備。這邊除了告訴你英語面試常見問題與對答技巧之外，還有必備詞句讓你參考。但記住，不要過度包裝，做自己就對了。主管們要的是最真實的你。一旦認定你就是他們想要的人才，就算語言不夠精進，他們也能夠接受。

問答技巧

★ Tell us about yourself 說說你自己 ★

你的自我介紹，言簡意賅就好，不要長篇大論。即便想仔細介紹自己，內容也別忘記要與工作相關的經驗做結合，這是一大重點，讓他們知道你的工作經歷以及轉換跑道的原因，然後也別太擔心你的 CV 上的學歷。就算學歷不如人，也請為你以往的經歷感到自信，實際工作經驗在英語系的國家也是很重要的。

★ Where do you see yourself in... years?
……年後你的未來規劃是什麼？ ★

這是面試官在詢問你對未來的願景，請別回答得太天馬行空、不切實際。如你有正在實踐的計畫也可以向面試官具體描繪說明。理想的回應是你在工作職務上的變化與成長（晉升某職位），多想想有關於你的職涯目標，並將其規劃告訴他們。

★ What are your strengths and weaknesses?
你的優勢與劣勢？ ★

面試官會希望你回答：你的優缺點在工作上會帶來什麼樣的幫助及困難。除了告訴他們你的優點會為公司帶來哪些效益外，缺點也必須說明。雖然是缺點，但你可以用說話技巧來包裝，讓它看似優點，像是以「力求盡善盡美」取代「吹毛求疵」。每個人都有缺點，但重點是你認不認識你的缺點，並知道如何看待它。

★ Can you give me an example of a time
when you... and how you dealt with that?
能不能舉例說明你是如何……？ ★

在面試中自己所說的經驗及歷練都需要具體事情來佐證，通

常能夠運用具體事件來向主考官證明，如：自己會如何解決、根據之前什麼的經驗……等，可以讓考官在你述說的回答中，更能確定你的能力、想法與公司理念是否符合。記住！在回答中，具體事件的說服力絕對比紙上談兵來的真實可信！試試看吧！

★ Do you have any questions for us?
你有任何問題想問嗎？ ★

在每一場面試中，在面試的結尾面試官們都會問：你有任何問題想問的嗎？這時，你可能認為自己其實沒有其他問題，但面試官總會認為，沒有問題就是有問題！畢竟，嫌貨人才是買貨人！

但是這也是個好機會，能讓自己展現對工作的熱忱與重視，你可能會認為問一些制度上的問題很沒必要，像是工作時數等……。但相信我，這是值得的，唯有問了正確的問題，才能讓公司知道你對他們的重視，以及他們能給你的回饋與協助。

業主看重的特質

★ Multitasking 喜歡同時多工處理 ★

這是業主最喜歡的員工特質，同一時間不只做一件事情，可以大大增加效率，還能同一時間擔當多項職務，儘管每次可能都在期限前一秒才交得出成果。如果這是你的優勢，請有自信的向主考官們證明你的能力！

★ Eager to learn 願意學習、融入 ★

業主都希望尋找並雇用有能力與高度專業的人才來帶領公司前進，但他們也希望這些人才能自發上進、願意學習。每間公司的組織運作不盡相同，而這時候你對於新環境的適應力與學習力就更加重要。展現你上進的態度，來告訴他們你是一個不僅能自發的汲取新技能同時也懷抱著工作的熱忱與融入新的工作環境。

★ I perform well under pressure
我能在壓力下表現更好 ★

壓力使人成長，尤其能夠在高度壓力的工作環境下沉著應對各項任務之經驗是一項極強大的優勢。可以用具體的經驗，來清

楚描述自己就算在高壓的環境下，不但可以順利完成工作，還可以表現得更好。

★ I'm looking for the chance to progress
尋求機會精進 ★

開始工作不是停止學習的藉口，不要認為開始工作就是學習的終點。公司主管都希望自己團隊的一員可以不停成長，這都源於學習，他們會希望透過你的成長來讓公司成長。有一些公司內部也會提供完善的教育環境。

掌握這些就十拿九穩

精選 38 句
必勝金句

把握以下片語，讓你的英文更顯專業，讓他們覺得非你不可！

外商、大企業求職秘笈

你已經拿到面試門票了，卻因不知道如何在考官面前留下最佳印象而煩惱嗎？又或者你正在找工作寫履歷嗎？無論你正處於哪一種狀況，如果能把握以下片語，就能增強你的整體結構以及表現，不只能讓你的英文用語看起來流暢也能顯得更專業，肯定可以增加你的面試錄取率。

── Describing Your Educational Background ──
描述你的教育背景

➡ **I graduated from... University（College）in...**

我……（年份）從……（學校）畢業

【範例】

I graduated from Trinity College Dublin in 2007.

我 2007 年畢業於都柏林聖三一學院。

➡ **I majored in ...**

我主修……

【範例】

I majored in Engineering.

我主修工程學。（千萬不要說 my major in，這是不正確的中式英文說法。）

➡ **I graduated as... in...**

我畢業為一名……（職業別）……（年份）

這是告訴考官你的主修專長以及畢業年份的另一種說法。

【範例】

I graduated as a Mechanical Engineer in 2009.

我 2009 年畢業成為一名機械工程師。

➡ **I enrolled for a... degree in...**

我在……（年份）時開始攻讀我的……（學位、課程）

【範例 1】

I enrolled for a bachelor's degree in 2010.

我 2010 年開始讀我的學士學位。

【範例 2】

I've enrolled for a PC maintenance course and I'm going to finish it in 7 months.

我開始上電腦維修的課程，預計 7 個月內可以完成。

➡ **Obtained my...degree**

獲得我的……（學歷）

obtain 這個用字，會比使用簡單的 get 看起來更專業一些。

【範例】

I successfully obtained my master's degree in 2 years.

我在 2 年內成功的取得我的碩士文憑。

➡ **I'm an individual with a solid... educational background**

我是專業……（領域）背景出身

【範例】

I'm an individual with a solid IT educational background.

我是專業的資訊背景出身的。

➡ **Engaged in extensive extra-curricular activities**

積極參與課外活動

【範例】

I engaged in extensive extra-curricular activities. I attended drama club and the Student Council in college.

我參與廣泛的課外活動。在大學我參加戲劇社團和學生會。

Describing Your Profile 描述你的經歷

➡ **I'm a wide profile... professional**

我一直以來都在……（領域）工作

這是個比 I've been working in……更專業的說法。

【範例】

I'm a wide profile sales/marketing professional.

我一直以來都在銷售／行銷領域工作。

➡ **I perform well under pressure**

我能在高壓下保持優異的工作表現

【範例】

I perform well under pressure because I enjoy that rush comes with the pressure.

我在壓力下表現良好，因為我享受壓力帶來的快感。

➡ **Customer-oriented**

以客為本

【範例】

I am committed to customer-oriented spirit to provide customers the best quality service.

我致力於以客戶為尊的精神，為客戶提供最優質的服務。

➡ **Meeting targets**

達標

這是一個比 getting things done in time 更專業的說法。

【範例】

I am able to execute company marketing strategies, and meeting sales targets.

我能夠執行公司的行銷策略，並配合銷售目標。

➡ **Handle stress easily**

能從容的面對壓力

這項特質在每一個工作崗位都很重要，尤其是在第一線面對顧客的人員特別重要。

➡ **Team player**

善於團隊合作

在團隊中和所有人相處得好其實不是一件簡單的事情，你有上司，或許也有下屬。如何在這中間取得良好的平衡，也能在維持人際關係之外，專業的完成所有該做的事情。

⇒ **Can-do attitude**

不屈不撓的工作態度

「天下無難事，只怕有心人」，工作上有可能會遇到很多其實與工作不相干的其他雜事，但不代表著這些雜事你就可以不做，而是該如何向未來的雇主表達，對你而言沒有做不到的事情，只要你想做，無論是什麼樣的挑戰你都勇於嘗試！

⇒ **Drive to succeed**

成功導向

【範例】

I am a person with the drive to succeed. I have goals and put forth effort to reach those goals.

我是個成功導向的人。我有目標，並著力實現這些目標。

➡ Results driven

結果導向

這句話是有點類似於前一句，但強調的是結果。success 是比較一般的用詞，而用 results 則更能意味著你同時也擅長達到目標。

➡ Eager to learn

有求知欲

這不只是告訴你的雇主，你時時在追求新知。也是暗示他，你永遠都樂於接受新的挑戰並學習新領域。

【範例】

I am eager to learn new technologies.
我永遠對於追求新的科技有熱忱。

➡ Multitasking

多工處理事情

用這句話來說服雇主，當事情愈來愈繁雜忙碌，你並不會因此陷入絕望，同時你也能兼顧很多責任。

【範例】

I am good at multitasking. 我擅長多工處理事情。

Describing Previous Experience and Your Current Position
描述你的經歷與現職

➡ **I have... years' experience in the field**

我在……（領域）有……（年）經驗

【範例】

I have 10 years'experience in the field of HR.

我在人力資源管理方面有 10 年的經驗。

➡ **Proven track record in...**

我在……（方面）有實際工作經驗

【範例】

I have a proven track record in telecommunication.

我在電子通訊方面有實際工作經驗。

➡ **Work against the clock**

有工作效率

【範例】

外商、大企業求職秘笈

I often have to work against the clock to meet deadlines during the busy season.

在旺季時，我通常都需要分秒必爭的工作，來完成所有進度。

➡ SLA（Service Level Agreement）
服務層級協議

SLA 指的是服務提供者與客戶間，應該就服務的水準、品質和性能等方面達成協議。如果你前一份或現任工作有這樣的工作項目，但你並不知道有這樣的專有名詞，那很幸運，Here is it！把這個專業的詞彙放上你的簡歷吧。

面試出題百百種，在專業用語方面也有可能會在面試時出現，適當的專業用語，或許可以獲得面試官的青睞，但也很有可能會因為你的履歷上出現這樣的專業用語，進而問你更深入有關這個專業的一些問題，所以請事先準備好有可能會出現的問題。

【範例】

All have to follow SLAs, such as the timeliness of responding email, the record of call history, and the in-time feedback of problem.

所有人都必須要按照服務層級協議完成工作，如掌握郵件的回覆時效、記錄通話紀錄以及即時處理客戶的問題等項目。

➡ Liaise with other departments
跨部門溝通

這是一個與 communicate with other departments 同義但是更棒的說法。

【範例】

I am adept at liaising with other departments.
我善於跨部門溝通。

—— Explaining Why You Want This Job ——
解釋為何想要這份工作

這是一個幾乎所有面試裡面都會提到的問題，不過似乎常常都不知道該怎麼適當回答。你可以參考如下幾個說法，再按照你實際的狀況做調整。但切記，即使你再怎麼討厭你的前份／現任工作和上司，無論如何都不要在面試時批評！

如果是因為現職沒有升遷機會，千萬別直說 Nobody will promote me in my current company...，以下 2 個是婉轉且正向積極的說法。

➡ **I want to take on more responsibility.**

我想要承擔更多的責任

➡ **I want to further my career in...（field）**

我想要在……（領域）更進一步的發展

【範例】

I want to further my career in sales/marketing.

我想要在銷售／行銷領域有更進一步的發展。

轉換職業領域跑道時你可以這麼說：

➡ **I want to pursue a career in...**

我想要在……（領域）工作

【範例】

Albeit ten-year experiences of retail industry, I determined to upgrade my professionals, and I wanted to pursue a career in accountancy after certificated by professional license.

我已經在零售業有 10 年工作經驗，然而我決定要再更精進我的能力，因此在我取得專業證照之後，我希望能在會計領域工作。

➡ **This job would be a natural progression**

這份工作是我必經的發展方向

Considering that I'd be required to deal with the customers directly, this job would be a natural progression for me as a sales professional!

這份工作讓我有機會提供客戶最直接的溝通與服務，而作為一個專業銷售人員，這是我必經的發展方向！

── The Tricky Part of Any Interview Salary ──
面試棘手問題：薪資

九成以上的轉職都是為了追求更好的薪資，但大部分的求職公告中都沒有明確地標示這份工作可以帶來多少收入，究竟薪水的多寡與什麼有關呢？其實薪水的高低，有時也來自於你的面試談判技巧，要如何聰明又不失禮節的用你的經驗和能力來告訴你的雇主，你值得多少薪水呢？

  外商、大企業求職秘笈

➡ Competitive salary

有競爭力的薪資

不論你是社會新鮮人，還是即將轉職的社會人，我們都期待可以拿到合理的薪水價碼。若被問到前一份工作的薪水價格，但是不太想直接攤在面試官前的話，可以用以下的表達方式代替。

【範例】

My remuneration was adequate. 我前份工作的薪酬是個很合理的價碼。

在面試中直接把薪水的數字拿出來談並不合乎禮儀，但如果你是在特定領域的專家或是經驗老到，期望拿到合乎你能力的薪水時，以下 2 種都是很棒的說法！

【範例 1】

I expect my remuneration could be reflected on my experience.
我希望我資深的經驗可以反映在薪水上面。

【範例 2】

I hope my remuneration could be based upon my brilliant education.
我希望我精實的教育背景可以反映在薪水上面。

What Sets You Apart From Other Candidates? 與眾不同之處

➡ **What sets me apart from other candidates is...**

我和其他人不一樣的地方是……

【範例】

What sets me apart from other candidates is my ability to handle difficult customers.

我和其他人不一樣的地方是，我善於處理棘手的客戶案件。

➡ **... is what makes me the best candidate for this position!**

……讓我成為這個職位最好的人選！

【範例】

So I strongly believe that my ability to perform well under extreme pressure is what makes me the best candidate for this position!

因為我能夠在高壓下保持良好工作表現，因此我絕對是這份工作的最佳人選！

➡ **I'm self-motivated**

自發能力高

⇒ **I take pride in my work**
我以我的工作為榮

⇒ **I'm very attentive to detail**
我非常細心

⇒ **I'm 100% involved while performing work-related duties**
我工作時百分百的專注

⇒ **I'm good at resolving problem situations**
我善於解決困難

Language Skills 語言技巧

　　幾乎所有的高端工作都會需要精通的英語能力，但永遠只有一句 My English is fluent 不夠確切，也會讓面試官質疑你能力的

真實性！試試以下這些說法。

【範例】

I have effective communication skills in English – both verbally and in writing.

無論是口語上或是文書上，我都能有效的用英文溝通。

➡ **I've been working in an English speaking environment for the last ...years.**

我過去……年來都在英語環境中工作。

➡ **My English is competent for this industry.**

我的英語能力在這個產業領域絕對夠用。

➡ **... wouldn't present any difficulties whatsoever.**

……不會對我造成任何困難。

【範例】

Using English at work wouldn't present me any difficulties whatsoever -- I've been around English speakers for 5 years.

我已經在英文環境待了 5 年，因此在工作上用英文溝通不會

對我造成任何困難。

★ 想表達意見、表示同意，關鍵字句該怎麼說？ ★

　　加拿大麥基爾大學的研究指出，就算面試時間不短，但幾乎所有的招聘都會在面試的前 4 分鐘就決定是否錄取一名面試人員。在面試前，其實面試官們都已設定需要哪方面的人才，若是搶手的職位更不用說，面試者可能超過上百人。該如何在短時間內讓面試官注意到你，並且認為你就是那萬中選一的人選。在面試時最重要的是，你要知道面試官想要聽到什麼樣的答案？更要了解在這個職位什麼才是幫助你得到工作的關鍵？也可以在事先了解職位內容後，表現出較符合職缺的應對方式。

　　這些關鍵字句能達到以下功能：

➡ Clearly communicate (describe) your skills, strengths, and experience
　清楚的表述你的專業技能、優勢及經驗

➡ Make a great impression at the crucial opening and close
　在關鍵的開頭與結尾時刻都要令人印象深刻

➡ Dispel any concerns about your work history
　打消對方對你工作經歷上的任何擔憂

➡ Add impact to follow-up communications

讓對方願意跟你有後續的聯繫

➡ Negotiate a strong job offer

強力談判工作機會

✍ 表達個人意見的關鍵字句

★ My view ／ opinion ／ belief ／ impression is that...
　我的看法／意見／相信的／印象是……

★ In my opinion, ...　我的看法是……

★ I am of the opinion that...　我的看法是……

★ I hold the opinion that...opinion that..（I form ／ adopt an）
　我認為／採納的意見是……

★ My impression is that... ／ It is my impression that... ／
　I am under the impression that...　在我印象中……

★ To my mind, ...　在我看來……

★ As far as I am concerned, ...　就我所知……

★ Speaking personally, ...　以我來說……

★ From my point of view, ...　以我的看法來說……

★ As for me ／ As to me, ...　對我而言……

★ I hold the view that...　我的看法是……

★ It seems to me that ...　對我來說……

★ I have the feeling that ...　我的感覺是……

★ My own feeling on the subject is that ...　我對這件事的感覺是……

★ I have no doubt that ...　我深信……

★ I am sure ／ I am certain that ...　我確信……

★ I think ／ find ／ feel ／ believe ／ suppose ／ presume ／
　assume that ...　我認為／覺得／感覺／相信／假設／認為／推測……

★ I dare say that...　我敢說……

★ I bet that....　我打賭……

★ It goes without saying that...　不用說……一定……

✍ 表示同意的關鍵字句

★ I share your view.　我跟你看法相同。

★ I agree with you ／ him.　我同意你／他。

★ I think so.　我也這麼覺得。

★ He is quite right ／ absolutely right.　他說的蠻對的／完全沒錯。

★ He may be right.　他或許說得沒錯。

★ I have no objection.　我不反對。

★ I approve of it.　我同意。

★ I have come to the same conclusion.　我也認同你的看法。

★ I hold the same opinion.　我也是這麼想的。

★ We are of one mind ／ of the same mind on that question.
　我們對這個問題的想法一致。

★ I am at one with him on that point.　我和你想法是一樣的。

★ It is true.　沒錯。

★ That is right.　沒錯。

★ That's just it！　沒錯！

★ Fair enough！　好吧，這樣我能接受！

★ Yes, of course！　對！當然！

★ You're absolutely right.　你完全正確。

★ Yes, I agree.　對！我同意。

★ I think so too.　我也是這麼想。

★ That's a good point.　這個看法很棒。

★ Exactly.　正是如此。

★ So do I.　我也是。

★ I'd go along with that.　我同意這樣的看法。

★ That's true.　說得沒錯。

★ I agree with you entirely.　我完全同意你的說法。

★ That's just what I was thinking.　這跟我想的一樣。

★ I couldn't agree more.　我完全同意。

★ I don't think so either.　我也一樣不認同。

★ Neither do I.　我也不這樣認為。

✍ 不認同時的關鍵字句

★ I think otherwise.　我有不同看法。

★ I don't think that's quite right.　不認為那是對的。

★ I am afraid that is not quite true.　恐怕那並不是正確的。

★ I take a different view.　我有不同的看法。

★ I don't share his ／ her ／ your view.　和他／她／你的看法不同。

★ However　然而……

★ That's not entirely true.　那並不完全正確。

★ I'm sorry to disagree with you, but...　很抱歉我不認同，但……

★ Yes, but don't you think...　是的，但你不認為……

★ I'm afraid I have to disagree.　恐怕我無法同意。

★ I'm afraid I can't accept...　恐怕我無法接受……

✍ 大眾意見的關鍵字

★ Some people say that...　有些人說……

★ It is considered...　有人認為……

★ It is generally accepted that...　一般而言，大家都認為……

✍ 述說理由的關鍵字句

★ I'm sorry to interrupt here, but...　很抱歉現在打斷你，但是……

★ Excuse for breaking in here right now, but...
　抱歉在此打斷你，但是……

✎ 打斷他人的關鍵字句

★ The reason for this is...　這是因為……

★ This is due to...　這是因為……

★ as／since／because　由於／自從／因為

★ One reason for this...　一個理由是……

★ This is caused by...　這是因為……

★ I base my argument on...　我的論述是根據……

✎ 舉例的關鍵字句

★ Here are some examples of...　以下有幾個關於……的例子……

★ One instance is ...　有個例子是……

★ This can be clarified／specified／demonstrated by an example...
　這個論述可以用一個例子來證實……

★ for instance　舉例來說……

✎ 得出結論的關鍵字句

★ It follows from this that...　延續我們剛剛說的……

★ The obvious conclusion is...　結論明顯是……

★ Last but not least...　最後……

★ The only alternative left is...　最後我要說的是……

★ The only possible solution is...　有可能的解決方法是……

★ To conclude／In conclusion we may say that...　結論是……

★ All in all／In short／In a／one word／
　Briefly we may say that...　總而言之……

★ so／therefore／thus／as a result／consequently　因此……

說了就 Bye-bye 了

30 個面試時
絕不能說的字

請別挖洞自己跳!面試時的禁忌用詞,千萬不要在面試時脫口而
出,有可能讓自己直接被淘汰!

錯字連篇的履歷書，可能會讓你在一開始就無法取得面試機會，在面試時，會讓自己直接出局的事情，就是犯了面試的大忌！

「每年都會有企業問卷調查，以票選出年度應徵者的走鐘行徑和語錄！」知名國際企業發言人同時也是《The Humor Advantage》作者 Michael Kerr 說道。「有些人的備忘錄就是沒有記住：一言一行絕對影響面試結果。」

你的一言一行、表情語氣、態度及創意都是面試官評分的重點。簡言之，說什麼、怎麼說，都很重要。「你的語調、言語和肢體語言，都是用來評估你適任與否的基準。」Kerr 說道。

所以請記住，下面 30 個面試最忌諱的關鍵字，千萬不要脫口而出，讓自己被大大扣分，還有可能直接出局！

★ nervous 焦慮失神 ★

即使你緊張到說不出話來，也請你努力的讓自己冷靜下來。即便緊張不已，也別因此缺乏自信。就算你對此工作可能真的不那麼有信心，但在面試中，就是別讓面試官在面試的過程裡看出你的緊張，怎樣都要假裝自信滿滿。

★ money, salary, pay, compensation, etc. 向「錢」看齊 ★

薪資確實很重要，但請不要在面試才開始沒多久，就馬上詢問薪資內容。你對薪資有看法及興趣的話，等於在告訴面試官，自己是以薪資衡量是否工作。企業想要的人才，不只是在能力上受矚目，更是在工作上有著巨大的熱忱，只注重薪資的話，容易讓面試官對你的專業感到質疑。薪資等報酬應該等到面試接近尾聲或結束後再談。

★ weaknesses or mistakes 自曝其短 ★

除非面試官主動提及要你對於自己的缺點發表看法，否則不要在回答的過程中，主動提及自己有這項缺點。雖然你可能已經想好要怎麼扭轉這件事情，但若拿捏不好，隨意提起自己過去職務上所犯的錯誤，可能會讓面試官開始不信任你可以擔當此職位。

★ need 予取予求 ★

你在面試時或許可以適時表達出你的需求，但不要總是圍繞在自己的需求上。這樣會讓面試官認為，如果無法配合此需求，你是不是就不認真工作，也會讓人覺得你是個難相處的人。

★ I really need this job due to...
我需要這份工作，因為…… ★

在任何的回答當中，千萬不要說出「因為需要工作，才能……」這類的話。我們都知道工作是為了某些事情，但站在企業的角度來看，他們真正想要的不是只是想找工作的人，而是真的想要做這份工作的人。

★ perks or benefits 福利優渥 ★

在你詢問面試官關於該公司的問題時，別時時圍繞著公司的福利政策。可能會讓面試官認為，你只重視公司的福利政策，而其他目標不明。一個好的企業通常不會希望員工沒有自己的期許，不知道目標的工作。

★ terrible, horrible, awful, hate, etc.
負面情緒字眼 ★

別因為某些緣故（如前東家、主管等），或最近的心情不佳，就輕易拋出負面評論的形容詞。尤其在回答問題時，不要讓你的負面情緒帶走你的回答，無論如何都別脫口負面言論、評價，這是在自貶自己的價值。這些話，間接表現了你這個人的態度，你

可能會因為你的情緒，或個人認知，在面對問題時事先帶有太多個人見解。

★ fine 敷衍 ★

《Well Said! Presentations and Conversations That Get Results》一書作者 Darlene Price 認為，回答別人時的用字要用得精、用得巧。

在你回應別人的寒暄問候時，請拿出你的真誠，不要含糊攏統的說「還好啊！」之類的詞帶過。雖然有時你可以選擇不回答，但這樣的回答會讓人覺得敷衍。與朋友對話時你或許可以很隨意地表達當下的情緒，但在商業場合時，建議使用更具說服力與專業的語詞，更貼近事實的例子，來回應對方。

★ S---, b----, f---, etc. 出口成「髒」 ★

很多人會認為說髒話來呈現某件事，可以讓話語變得生動且有親和力。但在面試的過程中，這樣的行為表達，反而會讓人認為你沒有修養與缺乏溝通技巧。就算面試官可能用很輕鬆的態度與你對話，也要盡量使用其他的雙關語、肢體語言代替。

★ sorry 道歉過了頭 ★

有些人會覺得使用「對不起」之類的用詞會顯得比較有禮貌、謙卑、尊重上司，又或者不是多大的事情時，你也很隆重的道歉，可能是因為不想面對所發生的事情，用道歉來當作逃避並不需負責任的藉口。實際上，太過於氾濫使用這樣的道歉詞，很有可能會讓別人覺得你很被動、優柔寡斷，甚至缺乏信心。

★ Um, so, like, etc. 助詞會害了你 ★

這些語助詞包括 Um、so、like、maybe 等，經常使用可能會讓對方誤以為自己其實缺乏自信、其實不是很了解。

★ divorced, pregnant, sick, etc. 個人隱私 ★

請不要在面試時回答問題以外的問題，很多問題可能牽扯很多現實面，以及你對自己的生活態度可能有特別的見解。但在面試的場合裡，把太私人的問題當作回答問題的答案，是非常不明智的。這可能會讓面試官質疑，你是否會因為自己的私人問題而影響到工作的選擇及效率，請不要說出與問題核心太不相關的回答。

★ actually 事實上，很有問題 ★

Buffer 首席幸福執行長（Chief Happiness Officer）Carolyn Kopprasch 認為，把 actually 等字詞用作前置修飾，會讓你跟面試官拉遠距離，甚至會讓他們覺得你在指責他們是錯的。所以最好事先了解，並且換成其他字彙或是重新排列一下語句的順序，以防在面試時不小心的用錯詞了。

★ just 只是 ★

在你的話語中，你可能習慣說出 just 這個字，多半是為了不要讓話講得太具強制性，且讓自己有更改的餘地。但這個字，也會讓你的話聽起來感覺像是在抱怨、不精確、沒有自己的見解。

★ vacation or PTO（Paid Time Off）
三分工作，七分休假 ★

沒人會在面試中給面試官一個好逸惡勞的形象，一直關注於休假或請假制度可能會讓他們認為你只想打混摸魚，比起工作內容更重視福利制度。如何請假、休假制度與福利等問題，可以在之後階段的面試提出，或是諮詢人資部門，才不會給面試官的第一印象大打折扣。

✎ NG 的 10 句話

面試時，有許多會讓自己直接出局的規則。為了避免讓自己馬上出局，以下這 10 句話可能會讓你面試成績大扣分！

1. I have a vacation planned in a few weeks.

我計劃近期要先去度個假。

（人資 OS：你是不是常常上班在想著要度假啊？）

2. My boss is the worst boss ever.

我的老闆真是我碰過最糟糕的老闆了。

（人資 OS：如果你的新工作進行得不順利，你也會這樣說我們嗎？）

3. My current company is awful.

我現在任職的公司超糟的。

（人資 OS：你也會在外面這樣大肆批評我們公司嗎？）

4. How much does this job pay?

這份工作的薪水多少？

（人資 OS：這件事情應該是由我提起吧！）

5. When do I get a vacation?

我什麼時候休假啊？

（人資 OS：還沒進公司就只想到福利嗎？）

6. Do you mind if I take this call?

你介意我接通電話嗎？

（人資 OS：你連基本禮儀都不懂，那豈不是很容易得罪客戶？）

7. I don't know.

不知道。

（人資 OS：那你知道什麼？）

8. It's on my resume.

這在我履歷上都有寫。

（人資 OS：那我為什麼還得請你來面試呢？）

9. I have an appointment, is this going to be over soon?

我等下還有事，我們能很快結束吧？

（人資 OS：那請問你要不要現在就離開呢？）

10. I don't have any questions.

我沒有問題要問。

（人資 OS：請問你來面試前真的有做過功課嗎？）

Part
04

進入外商
與大企業 4

英文履歷

這是一張名片，也是一份關於你自己的廣告，當你遞出這份自己的簡介時，那個短暫的瞬間決定了你是否會被對方相中，順利拿下這次通關證。

23 ～ 28 堂課

寫在課堂之前

職場新鮮人要知道，華人看新人從 0 分起跳，西方人從 100 分倒扣。

為什麼我創業之後，喜歡用主觀的人才？我會跟每個來面試的人強調：沒錯，我真的很西方，所以你必須要有自己的想法才能跟我合作。

西方社會的職場必須向臺灣學習社交上的「合作」態度，與尊重前輩的態度，就是多體諒、關照與接納別人。至於華人社會，也許可以少一點選擇題式的被動、籠統知識與「差不多就好」精神，學習西方較「競爭」的嚴謹、獨立與批判性思維、挑戰權威與創新精神。

最近因應業務擴張的需要，我們團隊積極在面試新成員，創

業至今天已經將近 3 年，臺灣的人才可以說有很多，但是也不多。

　　早期我們都說要找有專長的人來專門負責行銷、財務或是業務等等。最近卻發現，不只大學畢業生很難說出自己的一技之長，連工作好多年的主管，顧問與職場老鳥都不一定有一技之長，要有過去經驗的人適應互聯網思維，其實有一定的困難性，而且過去的成功模式也不一定有助於未來的成功。

　　面試了那麼多人，我改變自己選人才的觀念。有了以下的特質，加上老闆的耐心，其實人才不難培養。

一、不停止、不逃避學習

　　我們要去中國大陸擴點的時候，時常有人跟我說，不用拿臺灣的成功經驗來說嘴，臺灣的成功模式非常可能是到對岸成功之路的阻礙，當下聽到很錯愕，後來想一想其實有幾分道理，未來不想被 AI 取代，就不能停止學習。我當初創業時，從財務、管理、服務到行銷，其實一項都不會，甚至還逃避學習，後來越不學習就越害怕。「斜槓青年」常被認為是很厲害、很有才華或很有名氣的人才可能做到，但其實斜槓這種能力，每個不想被機器人取代的人才，都必須要有。

二、有責任感不要假裝忙碌

　　相信很多人應該都聽說過，我們每天所做的事情只有 20% 是

重要的，有責任感的人，不會每天把自己搞得非常忙碌，但卻沒有績效。

以前有一位非常有才華的同事，工作效率相當好，學習能力也非常迅速，只是到下班時間就準時下班。我們公司工作時數算是非常彈性，多出的工作時數可以補休，但她沒有辦法彈性配合，工作效能也普普，我們只好暫停合作，有點可惜。

沒有效率的勤奮比懶惰還糟糕，事情還沒有做完，光是看到很多事情等待被解決時就開始緊張，我經常在開會時給同事一個觀念：「運氣不好可能是常態，人生怎麼處理逆境比順境還重要。」

要怎麼樣才知道人才有責任感？我常會問幾個關鍵問題：

1. 臺灣目前的政治大環境，你怎麼看待？

2. 現在大學畢業生好慘，起薪好低，你覺得呢？

這種看似跟日常工作不是很相關的問題才能反映出真實心態，如果面試者回答很負面，那千萬不能用，因為抱怨誰都會，好心態的同事才能帶出好的績效。

三、有好奇心，彈性應變能力超強

一個新創企業，在運作中學習，在學習中運作。

過去許多職場老鳥來面試時跟我說：給我錢，給我人，給我資源，我就可以做起來。這種回答就是沒有創業基因的人會給的標準答

案，因為許多新創初期就是什麼都沒有，必須大家想辦法找資源去做起來。

我們當時創業預算估錯，導致第一年沒有行銷費用，但我們很努力異業結盟，媒體內容曝光，現在回頭看，反而是兩手空空的那一年，個人的學習跟公司的進步幅度最大。因此，相對的，新創公司錢不能要太多不是沒有道理的，錢太多就沒有創意生存的空間了。

四、跨文化溝通力

好的語言能力、結交跨文化朋友的能力，生意才有本事做大。

以翻譯機器人為例，我認為那取代的是一部分旅遊客群，人與人之間要深入交往，講的是情感上的共鳴，因為好的人才永遠都在超越自己，不會想要在語言上面走捷徑。

怎麼在 AI 時代有競爭力？人要活得更像人，機器人不會自己優化自己，也不會生出正能量來，更不會獨立思考，這些是人類獨有的特質，好好掌握，強化得好，永遠不會被取代！

23堂課

打造專屬於你的履歷表

教你輕鬆區分
Resume & CV

想要在面試中脫穎而出,想要擁有更多的選擇,一份專屬的、國際化的履歷表可以成為你獨一無二的名片,為你打開更廣闊的天地,提供更多的雙向選擇。

以往我們投簡歷大多會選擇線上人力銀行這種傳統的履歷資料，感覺實用性並沒有那麼高，與實際想做的工作無法直接匹配，文字過於冗長繁瑣，容易給別人留下死板不靈活的印象，反而不利於找到合適的工作。

現在的文化科技日新月異，時時刻刻都充滿著變數，自由選擇的機會更是越來越多，每個人都可以根據自己的喜好選擇自己想要的生活。工作機會也一樣，如果你想擁有更多的選擇的機會，從客製化你的履歷開始吧，一份國際化的履歷能幫你開啟新的人生選擇。

★ Resume & CV，到底差在哪？ ★

關於 Resume & CV（Curriculum Vitae 個人簡歷） 區別，google 一下便會看到答案。從字面看一個是美式英語，一個是英式英語。但也有人認為這不都是英語嗎？只是一個比較 fancy，一個更普通一些。有一些稍微懂行的人會說 resume 是通用的工作簡歷，相比而言，CV 更傾向於學術履歷。關於兩者的區別各有說辭，現在我們拿汽車為例，來看看它們之間的區別吧。

★ 汽車傳單➡ Resume ★

假設你想買車，那麼能夠引起你興趣的是什麼呢？ 通常最先映入眼簾的應該會是設計精美、簡單易懂的汽車 DM 宣傳單，很多時候它們會用標題和圖片的形式呈現出來。瞬間抓住你的目光，吸引你進入展廳，如果還想獲得更多詳情，就需要查看具體的汽車簡介和規格表了。汽車 DM 傳單其實就是汽車的 Resume。Resume 的特點就是簡明扼要，用較短的篇幅抓住重點，我們也可以把它比作一張 A4 大小的名片，當你遞出它的同時要讓別人看到你的亮點，把你最具競爭力的一面展現出來，吸引人資的目光，進而勾起他想要瞭解你的欲望，提供你一個 Interview 的機會。

★ 汽車規格表／介紹書➡ CV ★

與 Resume 不同，CV 就是那個進入展廳後可以詳細瞭解汽車性能的簡介和功能表。它不再是簡單的標題或圖片，而是更加全面和實用的細節：車子的大小、長寬尺碼、內部配置等級、驅動方式、各種型號的區別和優劣式。除去無法直觀試駕感受到的，但凡可以拿語言表述的部分，規格表會詳盡的呈現出來。比起簡歷，CV 更像是成功經驗的概述，它會詳盡的把有成就的部分列出來。沒有 Resume 關於頁面的限制，CV 可以讓你更加暢所欲言。

舉例來說：如果你想告訴人資你曾獲得某攝影大賽的冠軍。Resume 上面會寫你獲得某某攝影大賽的冠軍。而 CV 則是你於什麼時候如何獲得這個冠軍的過程和細節，你拿著什麼牌子的相機，用了怎樣的拍攝手法，後期修圖的使用的技法和軟體，用詳盡的內容來突顯你的專業知識和技能。當然這並不是說 CV 就是寫小說，可以任意發揮，而是補充一些與所申請的工作相關的經驗技能。

★ 試駕➡ Interview ★

　　Resume 和 CV 的存在是為了能獲得一個 Interview 的機會，正如你被宣傳單吸引後想要更進一步瞭解一款車，體驗過文字無法提供的切身感官之後甚至可能會激發你購買的欲望。當然，你也有可能在看過汽車的 DM（resume）之後就直接下單，亦或是在充分瞭解一款車的綜合性能（CV）之後再做出決定。這個過程跟 Resume 和 CV 的存在很像，並不是所有的 Interview 都需要經過 CV 的比較這個過程，大多數雇主可能只是被 Resume 吸引就會邀約面試了。

標準 Resume 該具備哪些內容

Resume 也是有套路的，
一起學起來

切記！比起創意，企業更看重履歷書的完整性，意即重要的內容一個都不能少。

雖說我們提倡個性化，但還是要適可而止，這是一個程度上的問題。Resume 還是應該遵從它的基本架構和內容，除非你今天是去應徵一個創意類的工作。

Resume 的尺寸通常是 A4 單頁（美國可能會用 Letter Size），內容一目了然。關於 Resume 的範例格式，Word 和 Pages 會有很多範本，你只要選一款自己喜歡的直接套用，剩下的就是補充內容，按需求調整了。

接下來會告訴你 Resume 中應該展現的基本項目和寫作原則：

★ Name ★

Name 應該是 Resume 中字體最大最清楚的部分，因為它是整個 Resume 的標題。該部分請用大寫表示，如果你還有英文名字，建議一起寫上去。尤其是投遞臺灣外商公司的時候，中英文名字的存在會幫助你提升辨識度，以便留下深刻記憶。

★ Contact Information ★

切記！仔細核實你在 Resume 上提供的電話號碼、位址、Email 等個人資訊。此處如果你有相關個人網站和線上作品集等相關的連結，也可以一起提供。如果你不想因為一個小小的失誤錯

失一份新的工作機會，請務必再三核實。

　　值得一提的是 Email Address 的部分，很多人申請 Email 時，為了好記或好玩，創建了很多千奇百怪的 Email Address。如果只是私人使用並無大礙，但如果是拿來填寫履歷，請三思而行。例如 Aliceliu@gmail.com 就會比 lovelyasiangirl@gmail.com 更符合要求。

　　特別提醒一下，臺灣很多制式化的履歷表會要求你填寫出生年月日、身高體重等資訊，但是英文版的 Resume 不需要這些資訊。有些國外公司會因為你寫了多餘的資訊而不給你面試機會哦！

★ Profile picture ★

　　英文有句話叫：A picture is worth a thousand words. 意思是一張圖片勝過千言萬語。有學生常問 Resume 中的照片重要嗎？答案是肯定的，雖說不可能直接幫你入選，但是它給人更直觀的印象。

　　Resume 上的照片並沒有固定格式，但是你想拍一張好的 Profile Picture，請記住以下幾個原則：面帶微笑；穿正式服裝（至少上半身有襯衫和西裝外套）；照片對焦清晰不模糊；注意整體呈現的顏色和光線。綜上所述，Resume 中的 Profile Picture 要給人一種很強的職業感，切勿以沙龍照、高角度自拍照等生活照取代。

這裡值得一提的是，臺灣很多應屆畢業生喜歡拿自己的畢業照做履歷用，雖說它的格式很符合上述幾點要求，但因為畢業照很無趣，大家都千篇一律，給人資留下的印象不會很深。所以建議找一天穿上正裝，帶著愉悅的心情去拍一張獨一無二的履歷照吧！

★ Objective ★

Resume Objective 對臺灣人來說，可能會有些陌生，其實寫履歷時大家的目標都是為了找到一份工作。但是 Objective 這一欄不可以直接這樣寫。Resume 的 Objective 應該是簡明扼要，具有一定的目標導向性的，既能簡述你的職業方向，又能傳達出為什麼你是這份工作的最佳人選的原因。每份工作所需要的職業技能範疇不一樣，一個好的 Objective 應該能準確傳達「為何要用我」的理由。下面我們提供兩個簡單的 Objective 的範例，字數不多，卻能傳達想要應徵的職位和自身能力狀況。

例如：

To leverage my 5 + years of marketing experience, public speaking skills, and expertise in the education industry into the teaching director of Easee Globe. Furthermore, to assemble my competence with leadership to steer the team.

　　我可以在教學主任這個職位上，發揮我 5 年的行銷經驗、公眾演說的技巧、以及其他教育學專業。更重要的是，我可以透過我的領導能力來整合這些優勢，引領整個團隊。

Dedicated and motivated engneering graduate seeking entry- level assistant quality control manager position.

　　應徵初級品質管理副理的工程畢業生。

★ Education ★

　　將你的學歷以條列式的方式呈現給雇主，從最高學歷一次往下寫。至於 GPA（平均成績），可以自行斟酌，但前提是可以對你的履歷有加分。

　　有些人會問，畢業十年或者有十年以上工作經驗，是不是就可以不寫畢業學校和年份了。這部分見仁見智，學校不只是學歷的體現，也是 Networking 的一環和基本印象。你如果是剛畢業，沒有太多工作經驗，那麼你可以找一些跟申請的工作相關的 Relevant Course Works（或 Applicable Coursework）一般來講會放

4 ～ 6 門課程資訊來作為輔助資訊。

例如：

◉ **B.A., University of California Santa Barbara**

▷ Major: Business Economics with Accounting Emphasis

December, 2010

◉ **Relevant Course Work:**

▷ Management of Information

▷ Financial Accounting

▷ Statistics with Economics and Business Applications

▷ Accounting Principles and Practices EXPERIENCE

★ **Experience** ★

國際人才大部分最缺乏的應該就是經驗了，每份工作以 3 ～ 5 個簡單的句子描述，記得開頭一定要是 Action Verb，可以量化的地方要盡量以數字表示。

在英文 Resume 中，Eperience 的敘述是最不需要用完整的句子，Phrases（短語）就可以了。而時間的表達方面必需要特別去注意，請務必要維持一致性，例如：仍在職時會使用現在式，已結束的工作則會使用過去式。另外，Action Verb 也要避免重複出

現，Thesaurus（同義詞）會是你的好幫手，學會如何 paraphrasing（用別的方式表達）和說明重點是非常重要的。

例如：

◉ **Position Title, Employer Name**

▷ City, State Dates Employed (Mo./ year to Mo./ Year or Quarter Year)

▷ Use bullet points to describe your position responsibilities

▷ DO NOT USE COMPLETE SENTENCE!

▷ Start your Phrase with "ACTION VERBS"

▷ Focusing on specific experience relevant to the position

▷ Precise and concise

◉ **General Manager, Company AAA**

▷ Taipei, Taiwan Feb 2012-September 2013

▷ Developed marketing plan and expanded Company brand-width

▷ Coordinate and designed corporate training to enhance different companies'core value

▷ Customized learning plan for students and helped maintain the accounts

▷ Responsible on interviews and new employee training

● Research Assistant, National Palace Museum

▷ Taipei Taiwan Sep 2011-Jan 2012

▷ Served as event planner and translator in the "Sino-Western Cultural Exchange inthe 17th and 18th Centuries"

▷ Proofread and revised the Database of Treaties between China and Foreign States in both English and Chinese with digitalized Cartographic Attachments Researched and analyzed assigned subjects

Accomplishment

- ★ achieved
- ★ expanded
- ★ improved
- ★ pioneered
- ★ reduced
- ★ resolved
- ★ restored
- ★ spearheaded
- ★ transformed
- ★ generated

Clerical

- ★ approved
- ★ arranged
- ★ classified
- ★ collected
- ★ compiled
- ★ executed
- ★ implemented
- ★ inspected
- ★ monitored
- ★ operated

- ★ processed
- ★ purchased
- ★ specified
- ★ systematized
- ★ tabulated
- ★ validated

Creative

- ★ acted
- ★ conceptualized
- ★ created
- ★ customized
- ★ designed
- ★ developed
- ★ directed
- ★ established
- ★ founded
- ★ illustrated
- ★ initiated
- ★ integrated
- ★ introduced
- ★ originated
- ★ performed
- ★ planned

Financial

- ★ administered
- ★ allocated
- ★ analyzed
- ★ appraised
- ★ audited
- ★ budgeted
- ★ calculated
- ★ forecast
- ★ managed

Helping

- ★ assessed
- ★ assisted
- ★ counseled
- ★ demonstrated
- ★ educated
- ★ expedited
- ★ facilitated
- ★ guided
- ★ motivated

Communication

- ★ addressed
- ★ corresponded
- ★ lectured
- ★ reconciled
- ★ recruited
- ★ spoke
- ★ translated
- ★ wrote
- ★ referred
- ★ represented

Management

- ★ adjusted
- ★ administered
- ★ attained
- ★ conducted
- ★ controlled
- ★ deal with
- ★ delegated
- ★ launched
- ★ led
- ★ molded
- ★ produced
- ★ proposed
- ★ proved

- ★ provided
- ★ scheduled
- ★ structured
- ★ supervised
- ★ supported
- ★ updated

Research

- ★ collected
- ★ examined
- ★ identified
- ★ interpreted
- ★ interviewed
- ★ investigated
- ★ researched
- ★ reviewed
- ★ studied
- ★ summarized

Teaching

- ★ adapted
- ★ advised
- ★ communicated
- ★ coordinated

- ★ enabled
- ★ encouraged

Technical

- ★ assembled
- ★ built
- ★ devised
- ★ engineered
- ★ maintained
- ★ operated
- ★ programmed
- ★ upgraded

外商、大企業求職秘笈

★ Skills & Certificate ★

這兩個部分可以合寫，也可以分開寫，並沒有固定的套路，主要取決於你要應聘的工作性質。有些人會強調自己的語言能力，也有人把所有技能羅列一遍。但是要注意，當你申請不同類型工作時，相對應的技能也該有所調整，需要強調的 Skills 也不同，每次投 Resume 時需要特別留意。

如果你手上的證照對所申請的工作有顯著加分作用，可以單獨開設一欄擺放。證照應該以國際證照為主，因為它可以代表你在該領域的專業程度，也便於面試官短時間內瞭解你對該領域專業的熟悉度。Resume 中描述 Skills & Certificate 僅需要以簡單的文字貼出即可，要學會用粗字體強調重點，無需過多贅述。

例如：

◉ SKILLS

▷ Mandarin: native

▷ English: fluent

▷ Taiwanese: intermediate level of fluency

◉ CERTIFICATE

▷ MOS (Microsoft Office Specialist) certification- June, 2015
　 Microsoft, Taipei, Taiwan

▷ ACA (Adobe Certified Associate) certification- December, 2014
　 Adobe, Taipei, Taiwan

★ References ★

一般來說，推薦人大多會選擇較熟悉的人，比如你之前的老師、前老闆，或同事等，僅以 References Available 或是 Reference Upon Request 等文字簡單帶過。如果說你的推薦人十分厲害，一說出來可以驚豔到大家，當然可以把對方名字職稱放上去為自己加分，但是要注意，人資如果跟你要推薦人的聯絡資訊時，出於禮貌和尊重，請務必先告知你的推薦人有可能會收到電話，以確保對方收到電話時不會有驚喜的感覺。

✒ 履歷撰寫小技巧

字體大小

一般來說，為了避免字體過大或者過小而造成的閱讀上的困難，字體應設置在 9 ～ 12 級為最佳。

字體選擇

字體切忌標新立異，常見的字體設置為 Times New Roman、Helvetica & Ariel 等。

配色

Resume 的配色也很重要，適當的顏色幫助你的履歷增加能見度和加深人資的記憶。切勿使用五花八門的顏色，容易造成視覺錯位。除了顏色的把握，粗體字和底線有時也可以成為很好的輔助工具。

排版注意事項

頁面整潔清爽，列條式更加簡明清晰。

Analytical /Research

- ★ analyzing data
- ★ assessing problems
- ★ conceptualizing a study
- ★ gathering information
- ★ identifying trends
- ★ managing a database
- ★ writing technical reports
- ★ writing literature review
- ★ examining hypotheses
- ★ enumerating findings
- ★ big data analysis

Communication

- ★ active listening
- ★ editing
- ★ facilitating discussion
- ★ fluent in a Second language
- ★ interviewing
- ★ negotiating
- ★ providing feedback
- ★ public speaking
- ★ sign language
- ★ writing (specify)

Creative

- ★ creating images
- ★ creative writing
- ★ dancing
- ★ designing
- ★ playing instrument
- ★ graphis software

Financial / Quantitative

- ★ accounting
- ★ appraising value
- ★ budgeting
- ★ calculating
- ★ cashiering
- ★ creating spreadsheets
- ★ keeping financial records
- ★ financial software
- ★ forecasting
- ★ mathematics (specify)
- ★ algorithmic approaches
- ★ population choice
- ★ willingness to learn

Org/Adm

- ★ attention to details
- ★ developing aplan
- ★ filing
- ★ keeping inventoty
- ★ managing time
- ★ meeting deadlines
- ★ organizing tasks
- ★ scheduling
- ★ setting goals

Technical

- ★ assembling
- ★ building or crafting
- ★ computer software (specify)
- ★ reading blueprints
- ★ repairing
- ★ troubleshooting

Interpersonal

- ★ asserting
- ★ building rapport
- ★ cooperating
- ★ counseling empathic

- ★ empowering
- ★ heading complaints
- ★ managing conflict
- ★ respecting
- ★ satisfying customers
- ★ self-aware
- ★ supportive
- ★ team player
- ★ collaboration

Leadership

- ★ advising
- ★ coaching
- ★ coordinating
- ★ consulting
- ★ hiring
- ★ enforcing policy
- ★ making decisions
- ★ mentoring
- ★ supervising
- ★ training
- ★ teaching motivation
- ★ accepting reponsibillity
- ★ facing obstacles

外商、大企業求職秘笈

- ★ hard working
- ★ resilient
- ★ responsible
- ★ self-evaluating
- ★ self-initiating
- ★ facing obstacles
- ★ hard working

CV 的基本內容

我們經常強調時間就是金錢。很多公司不願意花時間和精力去一一研究每個求職者的 CV，因此許多求職者會只提供 Resume 或者 Portfolio（相關的作品集），畢竟 CV 包含了一個人職業發展的整個過程。

每個人都各有千秋，寫 CV 的時候要針對這些特色多加潤述，下面我們針對 CV 所包含的專案和分項內容簡單介紹。

★ Name & Contact Information ★

跟 Resume 一樣，CV 也需要提供你的基本資料，但是兩者的規定並不同。唯一相同的是請確認你提供的電話、地址、email 的正確性。

★ Personal Statement ★

這決定了你是否可以順利拿到一份工作。一般來說，CV 中的 Personal Statement 有著 3 ～ 5 句限制的潛規則，精煉的突出你的專業技能和工作目標，讓面試官能感受到想要錄用你以及你為什麼適合這個職位的決定。雖然比起 Projective，CV 中的 Personal Statement 可以篇幅長點，但仍然需要簡明扼要。

外商、大企業求職秘笈

★ Education History ★

CV 中的 Education History 除了所列舉的學校外，也會把學生期的輝煌成就羅列出來。其中也包括已經完成的報告、發表過的論文資料等。用條列式呈現，並做簡單呈述。切記，學歷資料按由高到低寫。

★ Career History ★

Resume 中因為篇幅的原因通常只能列舉 3 項工作經驗，而且只能附加 3 ～ 5 項工作內容，這些內容還得精簡再精簡，可謂一字千金。相比而言 CV 對於篇幅的要求沒有那麼嚴格，雖然也會有 3 ～ 5 句的潛規則，但你可以比較詳盡的把工作經歷和成就列舉出來。當然這不是說你可以自由發揮，還是需要根據應對的工作有所取捨。

★ Personal Skills ★

如果說 Resume 中的 Skills 是簡單的描述技能項目，那麼 CV 中的 Personal Skills 則會錦上添花。如果你是跨領域求職者，你更應該在這部分下功夫，突出你的技能。

工作經驗不多怎麼辦

換個方式寫履歷：
職能取向

如果你工作經驗不多，或是之前累積的無法直接應用到現在申請的工作中，試試換個方式來寫履歷吧。

履歷是你跨入職場的第一步，通常撰寫履歷表時我們會選擇按時間順序（Chronological），由近至遠，從當下寫起，這種格式讓人一目了然，這也是臺灣常見幾家人力銀行所提供的模板寫法。但並非所有的履歷都適合拿時間法來寫。如果說你之前的工作經驗分散在不同的行業，無法整合成完整的履歷；或者中間有過斷層，怕影響現在公司的判斷；或是你準備華麗轉身，重新起步，之前的經驗沒法傳承。以上這些情況，你可以試試另一種寫法職能取向（Skill based Resume）。

　　以特定的工作技能和職能為主線，並延伸說明自己在該技能下的相關成就和經歷。相對於時間排序法強調的職涯發展，職能取向更突出特定的技能屬性。

兩種重點不同的履歷寫法

★ 時間排序（Chronological）★

⇒　按照年份順序，以現在為起點，由近到遠，列出各段時間的工作經驗和取得的成就。

⇒　適合再次申請同一領域，並在該領域有豐富經驗的人。

★ **職能取向（Skill Based）** ★

➡ 預先選定想要表達的技能與職能，由重要到不重要，列出技能後，再用簡單的敘述補充說明，如果有具體事例說明更好。

➡ 適合職場新人和跨行業的求職者。

誰應該採用職能取向履歷表？

➡ 新進的畢業生，還沒來得及累積工作經驗，或是之前的工作經驗與現在想申請的領域不一樣，無法直接用上。

➡ 或許你是個頻繁更換工作的人，不論是因為實習還是以專案為主的人。

➡ 曾因為各種原因，中斷一段時間想重返職場。

➡ 想重新起航的求職者。

➡ 希望以自身興趣或專長為起點找到工作。換句話說，也許你是非正式工作場合積累的經驗（義工或者間接工作積累的經驗）。

➡ 也許你是一張白紙，沒有任何經驗。

➡ 　重複同樣的工作。如果把所有的經驗都寫下來，可能會顯得不足或多餘。

如何撰寫職能取向履歷表？

　　撰寫一份職能履歷表不難，完全可以輕鬆套用一般的履歷書範本，只是把經驗的部分，把以公司經歷排序的方式更換成以職能為主的排序方式。

　　在撰寫前，請務必選定所要表達的主要技能與職能。正如按時間順序排列的履歷表中，我們僅會涵蓋 3～4 項前期工作，在職能取向的履歷表中，也建議選取 3～4 個大項的能力，這些能力要與申請的工作有所關聯，並最好在下方以列條式輔助說明相關的成就經驗。一般來說 Communication、Leadership 和 Project Management 都是較常見的職能取向履歷項目，當然你可以選擇更具體的技能項目。每項技能的排序方式：從最想強調的到比較不重要的。列出技能後，再以簡單的敘述文字說明，舉例關於此技能的相關成就。

　　下面我們列舉幾個常見的只能取向履歷表寫法，下次撰寫時，

不妨選一個來試試看。

★ **Management 管理** ★

➡ Led the opening of a new store location, exceeding sales objectives by 20% in the first year and 15% in the second year of operation.
主導新門市開幕，營運第 1 年超過銷售目標 20%，第 2 年超過 15%。

➡ Outperformed 7 out of 10 stores chain-wide in retail sales three years running.
每 10 間店就有 7 間店的表現勝過過去 3 年的零售銷售量。

★ **Operations 運轉** ★

➡ Increased inventory turnover from 2.5 to 3.5 while maintaining less than 10% out-of-Stock.
庫存周轉率從 2.5 到 3.5，而庫存量則少於 10%。

➡ Exceeded the corporate metrics of vendor returns by 15%, increasing store profit ability and earning my location an Award in Operations Excellence.
在退回供應商項目上，超過企業所訂指標的 15%，提高商店

盈餘能力並且獲得傑出營運獎。

→ **★ Customer Service 顧客服務 ★**

Scored over 90% year-over-year on the Customer Satisfaction Survey.
每年在消費者滿意度調查上都獲得 90% 以上的滿意度。

→ Earned a review of Excellent Performance from 4 of 4 secret shoppers.
從 4 位秘密客中獲得優秀表現的評價。

→ **★ Marketing & Promotions 行銷與促銷 ★**

Increased customer retention by 15% through the design and
implementation of a new store loyalty program.
透過新商店中程計畫的設計與執行，提高了 15% 的客戶保留
率。

→ Awarded Top Store status chain-wide for best merchandising, 4
seasons running.
連續 4 季獲得最佳商品推銷。

★ Event Planning 活動策畫 ★

→ Implemented 12 highly successful promotional events in the first year of opening a new location, leading to 3rd highest selling status of the 10 store locations.

在新的開設地點第 1 年即成功的執行了 12 個促銷活動，在 10 間商店中銷售狀態高居第三。

➡ Developed new promotional campaigns and store staging designs, and coordinated all in-store events for a growing multi-location bookstore.

開發新的推銷策略以及商店陳設設計，並且協調店內所有活動，滿足不斷成長的書店需求。

★ Human Resources 人力資源 ★

➡ Hired and trained 20 new staff members for a new book store location, promoting 5 within the first 18 months.

聘僱並訓練 20 名新員工為新書店服務，而這 20 名新員工中，有 5 名在就職的前 18 個月就獲得升遷。

➡ Achieved excellent employee retention with fewer staff turnover compared to the other 10 stores.

和其他 10 間分店相比，員工流動率更低。

外商、大企業求職秘笈

26堂課

履歷前導車幫你開道

手把手教你寫出
殺手級的 Cover Letter

Cover Letter 就像晚會前的開場白，又像是衝鋒陷陣的先遣部隊。如果一出手就能驚豔四座，那麼你已經比別人成功了 50%。

有人會問 Cover Letter（求職信）是什麼東西？很重要嗎？我好像沒有寫過耶？確實如此，對於速食時代的我們往往只需要快捷方便，很多時候忽略掉 Cover Letter 這一環。也許它不會影響一個面試官對你的基本判斷，但是細節決定成敗，它的重要性超乎你的想像。正如不同的工作需要不同的 Resume 一樣，Cover Letter 也需要相適而宜，一份出色的 Cover Letter 可以彌補你履歷上的不足，把你對公司的瞭解更好的展現給雇主，幫助你從眾多競爭者中脫穎而出，贏得屬於你的機會。

Cover Letter 跟我這樣寫

★ 開頭：目標明確 ★

Cover Letter 大多郵寄給對方面試者，如果你知道對方名字，請直接禮貌標示。如果你不知道是誰，通常你可以提前打個電話給對方公司前台詢問即將面試的 HR 人員，如果沒有得到肯定的答覆，你可以 Dear Human Resources Manager 用這樣的通稱來開頭。

【範例】

Dear Mr. Cheng,

To Whom it may concern,

Dear Human Resources Manager,

Dear Interviewer,

★ 第 1 段：清楚告知目的 ★

單刀直入告訴對方你想應徵什麼職位，從哪裡獲知該資訊。重點在於，表達清楚你為什麼寫這封求職信，以及對方為什麼要重視你的請求。

【範例】

This statement is to tell the desire of mine to the position of Bilingual Tutor in at No Child Left Behind Program in San Francisco Centers. I recognized my competence and personality would be quite appropriate with this task.

★ 第 2 段：相關經驗 ★

這部分是你展現自我的一個機會，你要傳達你為什麼適合這項工作的理由給對方，把你符合要求的技能描述出來。明確讓對方知道你才是最佳人選。這個部分的目的就是讓對方知道你就是

他們想要的人，因為你已經按照這個職務準備好了，你已經具備了他們需要的技能。（如果單段描述冗長可以拆分成兩部分，便於閱讀）

【範例】

As a certified ESOL teacher, I devote to the teaching of all levels of student, and in the light of my reputation in OOO International Language Center and XXX School, students are trained well at business English, English exams, and other English tasks. I love to help students improve their confidence in English.

★ 結尾：產生行動 ★

該講的你已經講完，剩下的就是要刺激對方給予回應，禮貌的感謝對方花時間看你的履歷表，告知對方你可以面試的時間，並留下你的署名和相關聯絡方式誘導對方給你一個可能回覆的機會，大功告成。

【範例】

The attachment is my resume, and please contact me without hesitate if questions are possible. I am available on duty days for the official interviews. Thank you for your consideration and see you soon.

第 **27** 堂課

履歷 Level up

想要一份
更容易錄取的履歷，
用高級詞彙替換吧！

跟那些普通的單字說 Bye-bye，找一些簡單卻顯高級的詞彙來替換，讓你的履歷「跳出來」。

人資和面試官每天都會看很多的履歷，很多時候看來看去大同小異，都是差不多的內容，自然不容易讓他們留下深刻的印象。雖說履歷都是用 Bullet points（重點整理）的方式呈現，但你可以換個字來替代，給他們耳目一新的感受，就像是在周杰倫的演唱會請來費玉清來演唱，讓人印象深刻。

★ 1. You Envisioned and Brought to Life a Project ★

　　如果你想表達開發某個案子、想了某個點子、或創造某項對公司有利的制度，不要再用 developed、created 和 introduced 這幾個詞了。看看下面的單字都可以用來替換呢！

★ advocated	★ founded	★ incorporated
★ assembled	★ engineered	★ initiated
★ built	★ endeavor	★ introduced
★ charted	★ established	★ launched
★ created	★ formalized	★ pioneered
★ designed	★ formed	★ spearheaded
★ developed	★ formulated	
★ devised	★ implemented	

★ 2. You improve the effectiveness of Company or Money ★

高階主管在面試時，最喜歡尋找能夠幫公司省錢或省時間的專業人才。如果曾有過讓工作事半功倍的方法，或是曾想出讓公司開源節流的經營策略，大方的在履歷中秀出來吧。單用一個 save 已經無法表達你的優秀了，換個單字吧。

★ conserved	★ deducted	★ reconciled
★ consolidated	★ diagnosed	★ reduced
★ decreased	★ lessened	★ yielded

★ 3. You INCREASED Effiency, Sales, Revenue, or Customer Satisfaction ★

如果你有相關的經驗能夠證明你曾提升某些專案的績效，造成公司收入的成長或提高客戶的滿意度，還只會用 increase 嗎？換成下面這幾個字吧！

★ accelerated	★ enhanced	★ lifted
★ achieved	★ expanded	★ maximized
★ advanced	★ expedited	★ outpaced
★ amplified	★ furthered	★ stimulated
★ boosted	★ gained	★ sustained
★ capitalized	★ generated	
★ delivered	★ imporoved	

★ 4. You Changed or Improved Something ★

有沒有曾經改良過公司的相關事務呢？舉例來說你曾經建議公司把紙本簽核流程改為較為環保又快速的電子簽核。你可以用下面的這些單字來敘述這類的事蹟。

★ centralized	★ redesigned	★ simplified
★ clarified	★ refined	★ standardized
★ converted	★ refocused	★ streamlined
★ customized	★ rehabilitated	★ strengthened
★ influenced	★ remodeled	★ updated
★ integrared	★ replaced	★ upgraded
★ merged	★ restructured	★ transformed
★ modified	★ revamped	
★ overhauled	★ revitalized	

外商、大企業求職秘笈

★ 5. You Managed a Team ★

團隊中的領導人每當講到帶領一個團隊時，履歷上總是出現 managed 或是 lead 這樣的詞。帶人要帶心，以下這些是比 managed 和 lead 更有靈魂的單字！

★ aligned	★ hired	★ shaped
★ cultivated	★ inspired	★ supervised
★ directed	★ mentored	★ taught
★ enabled	★ mobilized	★ trained
★ facilitated	★ motivated	★ unified
★ fostered	★ recruited	★ united
★ guided	★ regulated	

★ 6. You Brought in Partners, Funding, or Resources ★

如果你是負責為公司拓展合作夥伴，招商引資的人。除了用 responsible for 之外，不妨試試下面的這些單字。

★ acquired	★ navigated	★ partnered
★ forged	★ negotiated	★ secured

★ 7. You Supported Customers ★

如果你是公司客服，每天需要面對五花八門的問題，那你必須八面玲瓏，隨機應變。而前提是，你得做好功課熟悉公司業務資訊，隨時給別人解答。用下面的單字讓你從此變得專業起來。

★ advised	★ consulted	★ informed
★ advocated	★ educated	★ resolved
★ arbitrated	★ fielded	
★ coached	★ fielded	

★ 8. You Oversaw or Regulated ★

當你是公司的管理者或者監督者時，在工作上要注意的範圍很廣。試著用下面的詞語給自己加分吧。

★ authorized	★ enforced	★ monitored
★ blocked	★ ensured	★ screened
★ delegated	★ inspected	★ scrutinized
★ dispatched	★ itemized	★ verified

外商、大企業求職秘笈

★ 9. You Were a Research Machine ★

如果你的工作是需要協助搜尋資料，除了 Research、analysis 和 fact-finding 這幾個常見的單字，還有其他可以更精確的描述這類工作事務。試試看把下面這些單字加入履歷吧！

★ analyzed	★ examined	★ measured
★ assembled	★ explored	★ qualified
★ assessed	★ forecasted	★ surveyed
★ audited	★ identified	★ tested
★ calculated	★ interpreted	★ tracked
★ discovered	★ investigated	
★ evaluated	★ mapped	

★ 10. You Argued or Conveyed ★

溝通絕對是我們時時刻刻在做的事情，聽、說、讀、寫都是組合溝通的要件！運用下面這些單字準確傳達工作上的溝通範疇吧！

★ aunthored	★ counseled	★ infected
★ briefed	★ critiqued	★ lobbied
★ campaigned	★ defined	★ persuaded
★ co-authored	★ disseminated	★ promoted
★ composed	★ documented	★ proposed
★ conveyed	★ edited	★ publicized
★ convinced	★ enlightened	★ reviewed
★ corresponded	★ illustrated	

★ 11. You Achieved Something ★

你有達到公司給你設定的目標嗎？有因為達成目標得到了公司的褒獎嗎？不要忘記將這種值得表揚的經歷放入履歷中，下面的單字都可以傳達出這樣的意思！

★ accomplished	★ earned	★ succeeded
★ approached	★ exceeded	★ surpassed
★ attained	★ implemented	★ targeted
★ awarded	★ outperformed	
★ completed	★ presented	
★ demonstrated	★ reached	
★ displayed	★ showcased	

善用「動感的」字詞，強化自我價值

職場達人常教導新鮮人在履歷裡面，要用「動感鮮明」的字（active verbs）來呈現。可是這些字詞一定要搭配你實際的經驗與技巧，才能相輔相成！所以，使用之前最好先想想有沒有必要性。

另外，選詞時盡量選用那種可以直觀代入的單詞，既能一目了然你所描述的經驗與技能，以及協助公司所帶來的效益之處。

★ 動態詞例 ★

★ enriches 豐富	★ generates 導致
★ fortifies 強化	★ upgrades 升級
★ galvanizes 刺激	

靈活使用固定短句，強化技能優勢

在寫履歷時，為了要彰顯自己的優勢，你得善用一些詞句來幫助你的履歷看起來專業又到位。

★ 溝通能力 ★

- ★ Provide constructive feedback
  能提供建設性的回應
- ★ Speak confidently in public
  能在公眾場合中有自己的自我表達
- ★ Listen attentively
  善於仔細聆聽他人說的話
- ★ Able to communicate effectively with clients
  能有效的與客戶溝通
- ★ Interact effectively with individuals of all levels
  能有效的跟任何人合作
- ★ Negotiate situations effectively
  能做有效的協商
- ★ can seek common ideas and reserve differences for win-win situation
  能求同存異，達到雙贏
- ★ can convey personal ideas with accurate and effective way
  能正確並有效傳達自己的想法
- ★ to discusss problems with positive and active attitude
  心態正面積極的討論問題

★ 個人技能 ★

- ★ Motivate others
  能激勵他人

- ★ Delegate tasks effectively

  能正確並有效的分配工作
- ★ Provide well thought out solutions

  提供完善解決方案
- ★ Welcome responsibility

  能承擔責任
- ★ Work well in a high pressure environment

  能在高壓環境中工作
- ★ Well organized and efficient

  有效率、組織能力強
- ★ Self motivated

  自發的
- ★ Goal oriented

  目標導向
- ★ Highly imaginative with many innovative ideas

  富有想像力並有許多創新的想法
- ★ Demonstrated effective leadership skills

  有效的領導力
- ★ Committed to assisting others

  能幫助他人
- ★ Articulate and creative

  有創意並善於表達
- ★ Bring enthusiasm to team projects and encourage others to develop ideas

  能替團隊注入活力並激勵工作夥伴更多想法

★ 組織能力 ★

★ Set goals
　能訂立目標
★ Able to recognize client needs, and meet them
　能發現客戶的需求並加以達成
★ Strong planning skills
　高明的規劃能力
★ Execute multiple tasks at once
　能多工處理不同工作項目
★ Can work within a set budget and meet or exceed expectations
　能用有效的預算達標或超標

★ 研究／計畫能力 ★

★ Accurately forecast outcomes
　精確的估測結果
★ Allocate resources appropriately
　適當的分配資源
★ Identify problems & develop solutions
　能發現問題並加以解決
★ Gather information & assess current situations
　能收集有效資訊，並應用於當下的狀況
★ Computer literate--can quickly learn new software
　電腦通——能快速學習新軟體

28堂課

切記！有些字千萬不要用

跌破眼鏡的
14 個履歷禁忌字

有些詞明明很常見，可是寫到履歷書裡，卻變成了夢魘，甚至斷送了一次可能得到的面試機會。比如 Hard-Working、Problem-solver、Creative、Innovative、Time-savor、Cost-savor，看似正常卻暗藏危機。

你應該要謹慎挑選履歷中的每一個字，任何一個字詞都應該要有能替你做最好的行銷的功能。因此，如果是些不專業的，或是不能替你加分的冗長詞請果斷放棄。

另外，除非和你的工作內容有關，否則你的興趣、家人的職業等，都不需要寫在履歷之中。請盡量把重點都放在你個人的專業與經歷上。

以下我們就一起來看看哪些詞看起來覺得超正面，以為寫在履歷表上絕對能加分，但實際上，求才企業的人資或主管看到了，你的履歷就難逃進碎紙機的命運。

✕ ★ capable 可以做 ★

高階主管在檢視一份份履歷時，每一個人都在說他「可以做……」（想當然，不會有人在履歷上寫「不能做……」），那這句話有寫跟沒寫也就沒什麼不同了吧。況且口說無憑，如果你真想表達自己是個有能力的人，那倒不如把所有的職能以最實際的方式帶出來，用績效、實際經驗、證照來說明都是很好的方式，讓它們替你證明。你真的「可以」，而且「可以」到何種程度。

★ scalable 可擴展 ★

這是一個常常被運用在履歷、學術文章、日常生活對話的字，在這些地方都很常見這個字的蹤跡。但最大問題在於，這個字能使用的範圍太廣泛了，而且定義也比較不明確，會讓接收訊息的人無法非常精準的表達你想傳遞的資訊。而這件事情在履歷中絕對是大忌，因為履歷中的用字，必須要精準且一次到位。

★ hard-working 工作努力，並達到目標 ★

當然工作努力對老闆而言絕對是件好事，而且老闆應該會比較喜歡努力的員工？你錯了，比起一個表現優異的員工，老闆更喜歡能創造績效的人。大部分時候，努力不能代表你的績效，尤其在知識產業中，光靠努力可是永遠無法達標的。試著用其他同義詞，來表達你是個不只努力也能達到目標的人。

★ thru（through 的縮寫）★

這是一個不應該在履歷中出現的字，因為這個字傳達了你對於這份履歷並不是十分重視的信息，所以請務必再三檢查你所寫的東西。

書寫完成之後，請務必仔細確認過，也讓電腦幫你檢查是否

有不小心拼錯的字、不適當的格式、錯誤的文法等，務必確保你寫出來的資料（也包含了你的聯繫資料，如電子郵件、電話號碼）、年份都正確無誤。

★ problem-solver 問題解決者 ★

這個字不適合用於履歷中的原因在於，雖然這是一個正向含意的字，也顯示你認為自己有能力可以處理問題，但高階主管卻不是這麼看的。它潛藏了部分負面的意思，一定是發生了某些問題，你才會需要去解決它。而你一旦提出你是 problem-solver 時，接下來你就準備要面臨到「告訴我你曾經遇過什麼樣的困難？你又是如何解決的？」這一類最難回答的問題，除非你準備好了這個問題的完美答案，否則千萬別輕易說自己是個 problem-solver。

★ creative 創意 ★

在履歷裡面提及有創意這件事情絕對能替你加分，甚至在某些產業中，這是一個必備的技能。但因為 creative 這個字其實是 baby English， 盡量不要用 creative 來形容你這個人，會讓你的專業形象大打折扣。如果想讓別人知道你是個有創意的人不妨使用 worked alongside creative people 或是 engaged in creative tasks 來代

外商、大企業求職秘笈

替，更能有效的使人聯想到你的創意能力。

★ innovative 創新 ★

一個再好的詞彙被人用上很多遍，也會變得不再新鮮，但是我們把看似普通的表達稍加改變，一切又會變得不一樣。例如我們常會形容自己 innovative, team player and results-oriented，或許可以把 Team player 改成 Having worked in a team of skillful people；把 Innovative 改成 Giving birth to new strategies；把 Results-oriented 改成 Making sure that the goals were met 等。用短句來取代單字形容詞，是個更有效的做法。

★ communication skills 溝通能力 ★

什麼是溝通能力呢？誰又有資格替這件事情下定義？你知道還有誰有「溝通能力」嗎？猴子、狗、大象，任何生物都有！

你的履歷必須要能夠顯示出你的與眾不同，不然其實每個人都有資格說自己有溝通力，但會溝通並不代表溝通都是有效的。不管要申請的工作是否需要這樣的職能，高階主管及面試官看過一封又一封的履歷，每一篇都像直接複製範本，你又如何能夠突顯出自己呢？請仔細檢視自己的職位目標。每一個職業都有其應

具備的技能、個性、專業項目，你應該替每一份不同的工作，打
造屬於它的履歷。

★ motivated 激發 ★

如果你的履歷只是寫了 motivated 這個詞，那麼會讓看你履歷
的人留下滿頭問號，不知道你想表達的目的是什麼？但如果你寫
Learning and acquiring new skills motivates me（學習和獲得新技能
可以激發我），那麼別人會更容易懂你。

★ skillful 多技能 ★

一般而言我們已經在履歷中清楚條列出自己的各項技能、經
驗了，那麼你再次稱自己是個 skillful 的人，就顯得多此一舉。你
只要確保你的履歷能有效傳達你想強調的技能，就不必費心的再
次說自己是個有多項技能的人了。

★ salary negotiable 薪水可議 ★

他們當然知道薪水可議！我必須一再強調，履歷的每一行、
每一個字都應該是精華，如果你用寶貴的空間寫出了這麼一行並
不是很重要的字句，就顯得好像你已經沒有料可以說了（當然，

即使你的薪水謝絕商議，也千萬別直接寫在履歷之中）。

★ responsible for... 負責某事 ★

光是讀到這一行字，面試官基本上已經把你分類為是個丙等的人、只能接受指派任務或是機械式重複性工作的員工。been responsible for... 代表的並不是「你主動完成了什麼」，而是代表「你被指派了什麼」，這兩者之間的積極程度可是有很大的不同。如果你想表達類似的概念時，不妨把 responsible for 替換成 manage 吧！

★ experience working in... 經歷了某個工作 ★

同樣的，experience 也有著「你被指派工作完成了什麼」而非「你主動完成了什麼」的意味。想要描述你的職涯經歷時，把 experiences 換成 achievements 吧！

★ team player 具團隊精神的人 ★

9 成以上的工作需要能夠與人合作，那很顯然的，這個部分非常重要，實在不該用簡單的兩個字就帶過！如果你很想表達這方面你在過去的眾多經驗當中做的不錯，請拿一兩個適合的事例

到履歷中做說明吧。舉實際的事例並說明你是與什麼樣的團隊合作、如何成功的，會比單用 team player 更鮮明、更有說服力！

最後，面試其實是一種談判過程，跨文化時你必須注意以下幾點

生活中，我們經常會需要去說服別人，即便不是銷售，我們也要學會如何說服我們的員工表現得更進步，或說服老闆採用你的很棒的點子，甚至是談加薪等等。不過你知道嗎，最有說服天分的，居然是你家的毛小孩。因為牠們只要瞪大水汪汪的雙眼和你乞求，你就會不忍心拒絕他們，反觀大人們還得使盡各種方法才能成功說服他人，萬一不小心失控反而還會演變成一場爭執。

在以熙國際，為了讓管理顧問的流程更順暢，會制定明確、嚴謹的規則來規範。但有時顧問難免不慎有失誤，在收到公司的罰責後，便前來與你理論，這時就是搬出說服力的時候了。舉例來說，以熙希望提升學員培訓效率，於是嚴格規範顧問於培訓後，規定時間內，寄出作業給學員，但有些顧問會希望此事仍有討論空間，這時我們就會讓他了解，我們是站在同一陣線上的，共同

　　　　　　　　　外商、大企業求職秘笈

目標就是讓學員有效提升外語能力，若今天遲寄作業，不僅會壓縮學員複習功課的時間，甚至沒有複習到，就會導致下次培訓效果不彰。事實上，西方人重視的是規則背後的「原因」，一旦你的 WHY 解釋清楚，並站在對方角度思考後，就是有力的說服。

所以無論在什麼樣的場合進行跨文化談判時，若需使用「說服術」，你必須得先學會這七件事：

★ 一、先在對方的文化裡找出共同的情感連結 ★

如果一位跟你沒有情感連結的人，想要說服你，你很難馬上答應。說服高手明白這點，因此他們會盡量讓他人對自己先產生好感與信任，努力找到共同興趣話題，以建立情感的連結與共識。說服高手會釋出同情心，深深了解你的處境，設身處地為你著想，讓你知道他與你站在同一陣線上。總之，想更快速說服對方，你得先站在對方角度思考，什麼才是他最在意的。

★ 二、跨文化的易位思考 ★

說服高手也明白，將想法強加在別人身上，是不會有任何好結果的。要懂得如何用精準的話術去表達自己的現況，進而說服他人。但光是有這樣的功力仍稍嫌不足，還得打開你的聽力模式

與領悟力模式。這樣做，不但可以判斷對方對你的接受程度到哪，也可以蒐集資訊、得知對方想要的目的，因為你最終還是得幫忙解決它。最重要的，你還可以觀察對方認同的要點是什麼，盡可能利用這點達到共識。談判高手上場前，都已清楚知道自己要講什麼，所以正式上場該做的是傾聽對方要的是什麼，如果你沒有聽懂對方想表達的意思，談判就無效了。

★ 三、西方人重視過程等同結果 ★

懂得如何說服他人者，通常會有意識的、謹慎的視情況而行事。他們清楚知道與他人對話的過程中，目的不是要逼對方或讓他人接受什麼事情。太過於積極，或講話太有壓力，會造成反效果，甚至讓對方提高警戒。真正的高手，反而較少向對方提出明確要求，而是會在討論的過程中，不斷提出自己有力道的論述和見解。比如說，在對話過程中，可以適時提出自己過去做過哪些重要事蹟，讓自己的價值不斷提高，相對的，他會對你的信任度提升。以這樣的手法，得到肯定和認同機率就會提升。

★ 四、讓事實與價值超脫於文化框架 ★

懂得說服他人者，理解對已成定局的事實做爭辯是沒有意義

外商、大企業求職秘笈

的。通常人們真正重視的是理念與價值觀。事實上，在談判過程中，適時提出有力的佐證，是能夠提升信任度的。因此當你想說服別人時，**數據和想法的呈現是非常重要的**。若能在對的時機點提出，對方會更有機會敞開心胸、認同你的價值觀。

★ 五、「適時的含蓄」在各種文化裡都是美德 ★

你以為講話像機關槍般的轟炸對方就贏了嗎？其實這效果不佳。為了讓自己的證詞力道更強，明智的說服者會在關鍵時機問對問題，掌握重要資訊，讓議題能夠被順利解決。接著，會退一步讓火花開始奏效。至今，談判老手 Tom Hopkins 還是會沿用這項老派技巧。他提到「Whenever you ask a closing question, shut up. The first person who speaks, loses.」（在做抉擇的關鍵時刻，就得沈默，誰先開口誰就輸了。）比如說：「所以針對剛剛提到的部分，你覺得這件事情可執行嗎？」

★ 六、「理性的思考與熟成期」 是西方人談判時的必要節奏 ★

通常要在太「緊急」和「有限的時間」內，解決一場談判是非常吃虧的。因為一場重要的談判，必須要預留思考的時間，讓

彼此沉澱。好的說服者會是願意給予對方時間思考的，因為對方也需要一點時間去真正說服自己。因此預留些時間給對方思考是必要的。舉例來說，聯合國的任何決議決定前，也都需要透過好幾次的談判，最後才能達成共識。

★ 七、西方人特別重視妥協以互利的合作價值 ★

事實上，並不是每個談判條件都要得到才算勝利。機靈的說服者只要格局夠大，當對方談判條件會影響的到整個局面致勝關鍵時，他們是願意犧牲、妥協的。為了達成最終協議，任何事情都可以彈性調整，盡可能提供對方想要的，任何事情都可以彈性調整，就是如此簡單。比如說，過去的文件明明已經提供過給顧問，但顧問還是會請公司提供，這時，我們也不會多跟他爭執什麼，只要再次把文件寄出去就好，因為這樣才可以省下精力專注在更重要的事務上。只要能在合理範圍內，滿足對方需求，那麼，雙方都愉快就是完美的局面。選擇做成功的事，比做對的事重要。

下次你想要說服別人時，不妨將這些技巧靈活運用到你的日常生活中，你會發現語言的影響力有多大。除了以上提到的說服力外，西方人常提到的批判性思考（critical thinking）也是說服過程中很重要的元素之一，它其實跟批評沒有太直接關係，通常是

外商、大企業求職秘笈

辯證性思考的邏輯。批判性思考必須先了解問題核心在哪，提出質疑跟反對並順帶附加「原因」，然後這個「原因」通常要加上故事背景，分析數據與提出證據以利提升自己的說服力。掌握以上提到的重點原則，不但可以改變別人的思考方式、行為，甚至讓對方想要跟你合作，那就會是場成功的談判。

外商、大企業求職秘笈

作　　者 — Madeleine 鄭宇庭
美術設計 — 張巖
責任編輯 — 楊淑媚
校　　對 — Madeleine、朱晏瑭、楊淑媚
行銷企劃 — 林舜婷

第五編輯部總監 — 梁芳春
董事長 — 趙政岷
出版者 — 時報文化出版企業股份有限公司
　　　　108019 台北市和平西路三段二四〇號七樓
發行專線 —（02）2306—6842
讀者服務專線 — 0800—231—705、（02）2304—7103
讀者服務傳真 —（02）2304—6858
郵撥 — 19344724 時報文化出版公司
信箱 — 一〇八九九臺北華江橋郵局第九九信箱
時報悅讀網 — http://www.readingtimes.com.tw
電子郵件信箱 — yoho@readingtimes.com.tw
法律顧問 — 理律法律事務所　陳長文律師、李念祖律師
印刷 — 勁達印刷有限公司
初版一刷 — 2019 年 9 月 27 日
初版三刷 — 2020 年 8 月 17 日
定價 — 新台幣 380 元

時報文化出版公司成立於一九七五年，並於一九九九年股票上櫃公開發行，於二〇〇八年脫離中時集團非屬旺中，以「尊重智慧與創意的文化事業」為信念。

外商、大企業求職秘笈 / Madeleine 作 . -- 初版 . -- 臺北市 : 時報文化 ,2019.09　面；　公分
ISBN 978-957-13-7956-2(平裝)

1. 就業 2. 面試 3. 履歷表

542.77　　　　　　　　　　　　　　　　　　　　　　　　108014884

一對一課程
單堂免費體驗券

價值 2500 元

團體主題課程
折價券

現折 1500 元

體驗券使用規範

1. 憑此券及書即享有體驗以熙國際一對一商用英語培訓乙堂
（一小時，價值 2500 元）

2. 本券為回饋讀者專案，於首次報名前的體驗課程使用，
不可折換現金或抵扣學費，亦不得與其他優惠活動合併使用。

3. 請先向以熙國際完成預約後，於體驗當日持本券及書至以熙國際
即可免費體驗。

4. 本券若有塗改日期、遺失、毀損或污損，即失其效力，
且不提供更換或換發。

5. 以熙國際保有所有活動最終解釋及更改活動之權利。

RESUME

折價券使用規範

1. 憑此券及書報名以熙國際「商用實務英語系列」團體課程（含商用社交、簡報、談判……等），現折 1500 元，詳細課程內容請見官網。

2. 本券為回饋讀者專案，不可折換現金，亦不得與其他優惠活動合併使用。

3. 請先向以熙國際完成預約後，於培訓當日需持本券及書至以熙國際，優惠才算完成。

4. 本券若有塗改日期、遺失、毀損或污損，即失其效力，且不提供更換或換發。

5. 以熙國際保有所有活動最終解釋及更改活動之權利。

以熙國際

地址：106 台北市大安區金山南路二段 146 號 3 樓
電話：02-23979105
官網：https://www.easeeglobe.com/